EBS 강사가 추천하는
배터리 에너지 인기학과 진로코칭

EBS 강사가 추천하는
배터리 에너지 인기학과 진로코칭

펴낸날 2022년 5월 10일 1판 1쇄

지은이 안계정·정유희·정재훈
펴낸이 김영선
책임교정 이교숙
교정·교열 정아영, 이라야
경영지원 최은정
디자인 박유진·현애정
마케팅 신용천

펴낸곳 (주)다빈치하우스-미디어숲
주소 경기도 고양시 일산서구 고양대로632번길 60, 207호
전화 (02) 323-7234
팩스 (02) 323-0253
홈페이지 www.mfbook.co.kr
이메일 dhhard@naver.com (원고투고)
출판등록번호 제 2-2767호

값 16,800원
ISBN 979-11-5874-147-1 (44370)

EBS 강사가
추천하는

배터리
에너지

인기학과 진로코칭

안계정·정유희·정재훈 지음

미디어숲

추천사

　이 시대는 대학의 중요성보다 본인의 진로에 맞는 학과의 선택이 중요합니다. 그러기 위해서는 자신이 진학한 학과에 대한 탐색이 필요합니다. 최근 학생들은 전망이 밝은 직업군에도 관심이 많습니다. 하지만 학생들이 생각하고 원하는 학과나 직업이 아직까지도 한정적이라는 부분은 항상 안타깝습니다. 이 책은 배터리 관련 최근 동향과 앞으로의 비전을 보여주고 있습니다. 미래를 위해 지금 어떤 것을 공부하고 준비해야 하는지 잘 설명되어 있습니다. 이 책을 잘 활용하여 본인에게 맞는 학과를 선택한다면, 대학에서 학문의 즐거움과 취업까지도 누릴 수 있으리라 생각합니다.

경상국립대 물리학과 정완상 교수

　『진로 로드맵 시리즈』는 이미 시장에서 입시 전문가들과 학부모들이 찾아보는 필독서가 되었다. 이번에 출간하는 『EBS 강사가 추천하는 배터리 에너지 인기학과 진로코칭』은 최근 학생들의 선호도가 높은 2차 전지에서 소형모듈원전, 수소연료전지, 태양광 발전에 이르기까지 에너지의 다양한 분야를 탐색할 수 있다. 학과뿐만 아니라 졸업 후 진로에 대한 세부 로드맵이 담겨 있다. 이 분야를 지원하거나 관심 있는 학생들과 학부모 그리고 컨설턴트들에게는 꼭 추천할 만한 책이다.

서정대, 한국전문대학교육협의회 국제협력실장 조훈 교수

전공과 계열을 찾아가는 가이드북이 있으면 시간과 공간이 절약됩니다. 적성과 흥미를 기반으로 하여 진로를 탐색하는 데 도움이 되는 정보는 독자들에게는 기쁜 소식입니다. 에너지 학과를 가는 길뿐만 아니라 원자력공학, 화학공학이 에너지와 어떻게 연계되는지 확인할 수 있습니다. 또한 세부적인 내용으로 학과 관련 탐구활동도 할 수 있습니다. 진로를 고민하는 청소년들에게 적극 추천합니다.

호서대, 한국진로진학연구원장 정남환 교수

　평소 많은 학생이 관심을 가지고는 있지만 잘 알지 못했던 분야인 에너지산업에 대한 소개와 최신 에너지산업의 동향까지 잘 나타낸 책이 드디어 출판되었다. 에너지 공학의 이해를 돕기 위해 그림 자료와 함께 에너지 관련 다양한 내용을 소개하면서 수소연료전지에서 원자력발전에 이르기까지 다양한 내용을 알려주어 이 책 한 권을 통해 에너지산업의 흐름을 파악하는 데 도움이 될 것이다. 자신의 진로를 구체적으로 설정할 수 있을 뿐만 아니라, 스스로 활동을 통해 탐구로 이어나갈 수 있도록 도움을 줄 것이다.

영남고 진로교육부장 김두용 교사

　이 책은 4차 산업혁명에서 매우 중요한 에너지의 길라잡이로 학생들에게는 가이드의 역할을 하여 꿈을 이루도록 하는데 지침서의 역할을 할 것으로 봅니다. 상담을 하다 보면 에너지 분야에 진로를 희망하여 학생부종합전형을 준비하는 학생들이 많습니다. 하지만 에너지 분야가 어떻게 발전되고 있는지, 연구 분야는 어떤 것들이 있는지, 어떤 내용을 자신의 학생부와 연결시켜야 하는지 등 다양한 배경지식이 없어 힘들어합니다. 그런 학생들에게 이 책이 징검다리가 되어 학생들의 꿈에 한발 더 다가갈 수 있었으면 합니다.

오내학교 회장, 진로진학부장 정동완 교사

배터리 신설학과가 생길 정도로 에너지 전문 인재가 많이 필요하다는 것을 알고 있습니다. 그런데 학교에서 어떤 것을 준비해야 하는지 교사, 학생 모두 힘들어하고 있는 실정입니다. 또한 코로나로 인해 가속화된 과학의 발달 역시 따라잡기 버거웠던 것도 사실입니다. 하지만 이 책을 보니 조금 안심이 됩니다. 목차만 봐도 책의 깊이와 폭을 한눈에 알 수 있을 만큼 양질의 정보를 담고 있습니다. 좋은 책 출간해주셔서 감사합니다.

거창고 진로진학부장 손평화 교사

최근 학교 현장에서 학생들을 마주하다 보면 친환경에너지에 대한 관심이 깊어지고 있다는 것을 알 수 있습니다. 이 책을 통해 현재 기업들의 에너지 신기술 및 산업에 대한 기초적인 개념과 관련 진로를 확인해 볼 수 있습니다. 2022년 개정 교육과정 속에서 에너지 학과에 관심이 있는 중·고등학생들이 어떻게 대비해야 할지 그 방법과 방향성을 제시합니다.

서울 광성고 생물담당 장동훈 교사

21세기 차세대기술로 각광받고 있는 전기차와 수소차 기술과 관련된 산업의 현황 및 최근 이슈를 자세하게 제시한 내용이 인상적입니다. 막연히 에너지 관련 진로를 생각만 하고 있었던 학생들에게 이 책을 전해준다면 구체적인 진로 로드맵을 세울 수 있을 것입니다. 또한 관련된 학과를 진학하기 위한 자세한 진로진학에 대한 정보까지 담고 있습니다. 만약 에너지산업과 관련된 진로를 꿈꾼다면 이 책을 꼭 읽어봐야 할 책으로 추천합니다.

안산 광덕고 수학담당 김홍겸 교사

학교 현장에서 학생들에게 에너지산업에 대하여 설명해주면서 그 중요성을 알려주는 데에 어려움을 느꼈습니다. 이 책은 미래 에너지산업에 대해 길라잡이 역할을 해주면서 용어사전까지 겸비해, 기본 개념을 익힌 후 원자력발전, 소형모듈원전(SMR), 수소연료전지, 태양광발전에 이르기까지 미래 발전방향까지 상세히 안내해주고 있습니다. 일반 고등학교 학생들뿐만 아니라 특성화고등학교 학생들의 진학과 진로를 결정할 때에도 유용하게 활용될 수 있는 도서가 될 것으로 기대합니다.

서귀포산업과학고 발명과학부장 서영표 교사

　『EBS 강사가 추천하는 인기학과 진로코칭 시리즈』는 기존 도서와는 다르게 4차 산업혁명을 주도하는 분야의 최신 경향 및 관련 산업 분야의 기술 동향 흐름을 빠짐없이 제공하고 있습니다. 따라서 중·고등학생 및 학부모, 특히 현장에서 진로진학 컨설팅을 하는 현업종사자분들에게 상담에 필요한 메뉴얼의 역할을 톡톡히 해낼 것입니다. 학생들의 관심 분야에 관련된 국내외 최신정보와 해설, 새롭게 바뀐 고교 교육과정과 각 분야의 대학학과 정보를 함께 제공하고 있습니다. 특히, 학부모님들이 교과서만으로 충족하기 힘든 다양한 학습자료와 탐구주제들을 동시에 만족시킬 수 있는 참고서적으로 평가하고 싶습니다.

두각학원 입시전략연구소 전용준 소장

프롤로그

대학에서 원하는 역량을 어느 정도 준비했나요?
기업에서 요구하는 역량을 어느 정도 갖추었나요?

아직도 대학 이름이 중요하다고 생각하나요?

학생들의 인구는 점점 줄어들고 있어 모든 학생이 대학을 갈 수 있는 시대입니다. 하지만 현실을 들여다보면, 그다지 밝지 않습니다. 대학의 타이틀을 중시해서 마음에 없는 학과를 선택해 자퇴를 하고, 휴학을 하는 학생들도 무척 많다고 합니다. 그럴듯한 이름의 학과를 선택했지만 생각했던 바와는 다른 공부를 하고, 대학에서 배운 학문으로 취업을 하자니 딱히 하고 싶은 일도 없고, 가고 싶은 직장도 없다고 합니다.

왜 우리는 12년간 미래를 위해 열심히 준비를 해놓고, 중요한 순간에 엉뚱한 선택을 하는 걸까요? 자신의 진로에 대해서 큰 고민도 하지 않고 현명한 도움도 받지 못해서입니다. 앞으로는 전략적으로 취업이 보장되는 학과에 관심을 가져야 합니다. 각 기업마다 지역인재전형이 늘어남에도 불구하고 지방 거점 국립대도 인원을 다 모집하지 못하고 있습니다. 이제는 단순히 대학입학을 위한 역량을 갖출 것이 아니라, 시대에 적합한 역량을 갖추고, 인공지능을 활용해 비정형화되고, 복잡한 문제를 해결할 수 있는 능력을 갖춰야 하는 시대입니다. 바로 이런 인재를 '창의융합형 인재'라고 합니다.

여기에 발맞춰 정부에서도 학생들이 배우고 싶은 과목을 스스로 선택해 공부할 수 있도록 공동교육과정을 운영하고 있습니다. 뿐만 아니라 학생 맞춤형 교육과정인 '2022 개정 교육과정'을 운영하기 위해 디지털과 인공지능 교육 학습 환경도 조성하고 있습니다. 특히, 자신의 진로와 흥미에 맞는 과목을 선택할 수 있도록 진로 선택 과목과 융합선택 과목을 개설해 미래사회에서 요구하는 인재로 성장하는 다양한 기회를 제공하고 있습니다.

이 책은 4차 산업혁명 시대에 필요한 인재들이 반드시 알아야 할 이슈와 교과목 선택 안내, 우리 주변에서 할 수 있는 탐구활동을 소개해 학생들이 관련 진로를 선택하는 데 도움을 주고자 했습니다.

『EBS 강사가 추천하는 인기학과 진로코칭』 시리즈의 특징은 점점 갈수록 진로 선택의 시기가 빨라지는 만큼 중학생들도 자신의 진로를 탐색할 수 있도록 쉽고 재미있게 집필했습니다. 또한 성적이 낮아 진로 선택에 고민이 많은 학생도 자신의 꿈을 이룰 수 있도록 다양한 진로 방법을 소개하였습니다. 특히, 특성화고, 마이스터고, 폴리텍대학 등에 진학한 학생들의 취업을 보장하며, 고액의 연봉을 받는 전문직종에 진입할 수 있는 방법도 소개합니다.

전기제품이 증가하면서 2차 전지에 대한 관심도 높아지고 있습니다. 이 책은 다양한 2차전지의 특성을 알아보며, 특히 리튬이온전지가 폭발하지 않도록 다양한 연구가 진행되고 있는 내용에 대해 소개합니다. 또한 환경을 정화하면서 이산화탄소를 배출하지 않는 수소연료전지, 재활용이 가능하면서 에너지 효율이 높은 태양전지에 대해 알아보면서 에너지 자립을 할 수 있는 방법에 대해 생각해 봅니다.

그리고 취업이 보장된 학과의 교육과정을 살펴보면서 학교에서 공부해야 할 분야를 알아보고 관련 탐구활동을 진행하면서 진로역량을 키울 수 있습니다. 아울러 에너지에 대한 다양한 지식을 얻을 수 있어 에너지공학을 희망하는 학생들과 같이 고민하면서 꿈을 이룰 수 있도록 구성하였습니다.

이 책은 전공에 대한 이해도와 관심을 높여 학생들의 꿈이 성적에 관계 없이 이루어질 수 있도록 다양한 정보를 실었습니다.

EBS 강사가 추천하는 약대 바이오 인기학과 진로코칭
EBS 강사가 추천하는 그래핀 반도체 인기학과 진로코칭
EBS 강사가 추천하는 배터리 에너지 인기학과 진로코칭
EBS 강사가 추천하는 PAV 모빌리티 인기학과 진로코칭
EBS 강사가 추천하는 로봇 인공지능 인기학과 진로코칭
EBS 강사가 추천하는 VR 메타버스 인기학과 진로코칭

6개의 가이드북은 학생들이 선택한 진로를 구체화하고 심층탐구 주제를 찾을 수 있도록 다양한 정보를 제공하였습니다. 따라서 학생들이 각 계열별 진로를 결정하는 데 도움을 줄 것으로 기대됩니다. 이 책을 통해 많은 학생이 어려움 없이 자신이 원하는 꿈에 이를 수 있길 바랍니다.

저자 안계정, 정유희, 정재훈

차례

 에너지 산업의 길라잡이

에너지 산업의
길라잡이

에너지 산업은 무엇이며
어떤 특징이 있을까?

"에너지 산업이 국가 소유 지배구조인 독과점적 산업구조에서 생산자 중심의
산업으로 변화되고 있다고요?"

그동안 전력시장은 여름철 전기 소비가 많을 때 부족할 것을 대비해 대기업이
발전소를 건립해 운영했습니다. 하지만 이제는 전 세계가 탄소중립을 목표로 온

출처 : KDB산업은행

실가스 배출이 없는 태양광, 풍력, 조력, 파력 등 재생에너지 비중을 확대하면서 전력망이 기존 '중앙 집중형'에서 '분산형'으로 바뀌고 있습니다.

분산형 발전이 가능해진 계기는 에너지저장장치(ESS)에 재생에너지로 생산된 전기나, 밤에 남는 전기를 저장해 재사용할 수 있기 때문입니다.

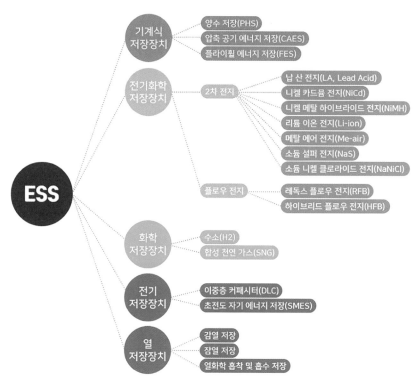

출처 : 한국전력공사

다만 전력망이 개인과 지역 중심으로 분산되면 이전처럼 한눈에 전체 전력 수요를 파악하기 어려워지기에 클라우드 기반 소프트웨어로 통합한 뒤 하나의

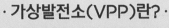

· 가상발전소(VPP)란? ·

ICT와 자동제어기술을 이용해 다양한 분산에너지원을
연결·제어해 하나의 발전소처럼 운영하는 시스템.
물리적으로 존재하는 발전소는 아니지만
전기를 공급하는 것과 동일한 효과

출처 : KDB산업은행

· 가상발전소(VPP)의 종류 ·

수요기반 VPP	수요반응(DR)* 자원을 모아 발전소 역할 수행. 현재의 <수요자원 거래시장> * 개인 및 기업이 절약한 전기를 전력시장에 판매 후 판매수익을 수요관리사업자와 나눠갖는 사업
공급기반 VPP	신재생 발전원, ESS, 전기자동차 등의 분산형 발전자원을 모아 발전소를 운영하는 형태. 현재의 <소규모 전력중개시장>
혼합형 VPP	수요기반 VPP와 공급기반 VPP를 통합한 형태. 궁극적으로 추구하는 가상발전소의 유형

상업형 VPP	기술적 VPP

출처 : KDB산업은행

발전소처럼 관리하는 가상발전소(VPP·Virtual Power Plant)의 역할이 중요해지고 있습니다.

현재 기술의 발전으로 인해 에너지 산업에도 큰 변화가 생겼습니다. 최적의 효율성을 얻을 수 있도록 에너지 설비의 규모가 소형화되었으며, 친환경적인 발전 방식으로 운영되고 있지요. 지금은 석유 또는 석탄 화학발전에서, 소규모 가스 복합발전으로 운영되고 있지만, 앞으로는 소형모듈원전(SMR)으로 발전될 것입니다.

유럽연합(EU)이 원자력발전과 천연가스를 환경·기후친화적인 녹색으로 분류하였습니다. 이번 확정에 따라 신규 원전에 대한 투자는 녹색으로 분류되기 위해 2045년 전에 건축허가를 받으면 친환경에너지원으로 운영할 수 있어요. 천연가스 발전투자의 경우, 전력 1kWh를 생산할 때 나오는 온실가스가 270g CO_2eq(이산화탄소 환산량) 미만이거나, 20년간 연간 온실가스 배출량이 550kg CO_2eq 미만인 경우 녹색으로 분류합니다. 신규 가스발전소에 대한 투자는 2030년까지 녹색으로 분류되며, 가스발전소들은 2035년부터는 저탄소 가스나 수소로 전환해서 운영해야 합니다.

이번 규정안이 승인되면 2023년 1월부터 시행됩니다. 한편 이번 택소노미에 천연가스와 원자력발전을 포함시키는 여부를 두고, EU 회원국들 사이에서는 원전이나 천연가스 의존도에 따라 각각 다른 견해차가 있지만 당분간은 친환경에너지로 운영될 것으로 보입니다.

02

앞으로 에너지 산업은
어떤 변화가 있을까?

에너지 저장 장치(ESS) : 에너지를 저장하는 장치로 발전소, 송배전시설, 가정, 공장, 기업 등에서 활용이 가능하며 최근 신재생에너지와 연계 시스템으로 신재생에너지의 효율을 높여 전기료를 절감하거나 정전 피해를 최소화하는 백업 전력으로 사용이 가능하다.

에너지관리시스템(EMS) : 에너지 사용에 대한 합리적인 기준을 정하고, 에너지 사용 변동 요인을 비교분석하는 Energy Normalization 기술과 패턴 분석을 통한 에너지의 낭비 요소를 파악할 수 있는 Energy tracking 기술로 이루어져 있다.

산업통상자원부는 제1차 에너지 기본계획(2008~2030년)에 이어 제2차 에너지 기본계획안(2013~2035년)을 발표했습니다.

제1차 에너지 계획은 에너지 자주개발율 3%에서 40% 증대를 목표로 적극적인 해외 자원 개발 및 에너지 확보를 통한 에너지 공급 확대입니다. 제2차 에너지 계획은 전력 수요를 15% 감축하고, 발전 부문의 온실가스 20% 감축을 목표로 환경보호와 에너지 절약을 도모한다는 목표하에 **ESS**(Energy Storage System), **EMS**(Energy Management System), **EV**(Electric Vehicle),

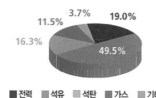

2011년 에너지 수요

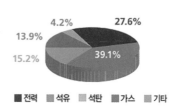

2035년 에너지 수요 전망

출처 : 에너지 및 자원_Deloitte Anjin Review

DR(Demand Response) 등 정보통신기술(ICT) 기반의 인프라 구축을 통한 에너지 수요관리입니다.

따라서 전체 발전량의 15% 이상을 자가발전, 소규모 발전 등 분산형의 발전 시스템을 구축하는 방향으로 변화되고 있습니다.

신재생에너지는 '국내 신에너지 및 재생에너지 개발, 이용, 보급촉진법'에 따라, 태양열, 태양광, 바이오에너지, 풍력, 수력, 지열, 해양에너지 및 폐기물발전의 8개의 에너지와 연료 전지, 수소에너지, 석탄·석유 액화 및 가스 에너지로 나뉩니다. 신재생에너지는 다른 에너지원과 비교해 환경친화적·비고갈적 에너지이며, 지속 가능한 발전으로 국내에서도 수급이 가능해 에너지 안보에 기여하고 있지요.

전기자동차(EV) : 전기를 동력으로 해 움직이는 자동차를 말한다. 자동차의 구동 에너지를 화석 연료에서 전기에너지로부터 얻는 것이 큰 차별점이다.

수요반응(DR) : 현재 전력량의 수요에 맞추기 위해 전기 사용자가 사용량을 변화시키는 것이다. 전력사용이 한산한 시간대에는 전력이 비교적 저렴하게 책정되거나 명시적인 요청이나 가격 변동으로 고객들에게 전달할 수 있다.

세계 신재생에너지 산업은 2004년 본격적으로 성장을 시작해 2020년까지 연평균 24%, 480~960조의 시장규모로 가파르게 성장하고 있습니다. 전 세계는 현재 탄소 배출 감량, 일자리 창출, 경제 회복의 핵심 수단의 필요성과 일본 후쿠시마 원전 사고 이후 원전에 대한 거부감을 이유로 더욱 신재생에너지 산업을 촉진시키고 있습니다.

국내의 신재생에너지 보급량은 2007년 이후 연평균 6.7%의 증가세를 보이고 있지만, 2011년 국내 전체 발전량에 비해 신재생에너지 비중은 1.4% 정도로 매우 낮은 수준입니다. 이로 인해 일정 규모(현재 50만kW) 이상의 발전사업자에게 총발전량의 일정 비율 이상을 신재생에너지로 공급하도록 의무화하는 신재생에너지공급의무화제도(Renewable Portfolio Standard, RPS)를 운영하고 있습니다. 도

생산수율 : 원재료 투입에 대한 생산된 제품의 비율을 말한다. 배터리의 생산수율은 제조 순서에 따라 양극·음극 극판 공정 수율, 극판 조립 공정 수율, 배터리 내부 전해액이 고르게 분산되어 이동하는 화성 공정 수율 등을 고려하여 누적 수율로 판단한다.

입 첫해인 2012년의 RPS 추진 실적에 의하면 총 의무 공급량의 약 65%가 이행되었습니다. 이처럼 보급의 미흡함 이면에는 우선 생산수율과 산업의 수익성 문제가 아직은 걸림돌로 남아 있습니다.

신재생에너지는 여전히 타 에너지원과 비교해 설비의 이용효율과 수익성 창출면에서 경쟁력이 떨어집니다. 국내 태양광의 이용효율은 15%, 풍력은 20% 수준에 불과하지요. 원자력의 경우 100만kW의 발전설비를 건설하기 위해서는 여의도 면적의 10분의 1 정도의 토지가 필요하지만, 태양광은 10배, 풍력은 50배 정도가 필요하다는 사실을 알면 얼마나 비효율적인지 느낄 수 있죠. 따라서 수소연료전지로부터 전기를 생산하는 것이 다른 신재생에너지보다 효율적이기에 관련 연구가 많이 이루어지고 있습니다.

우리나라는 3면이 바다라서 이를 활용한 부유식 해상풍력발전을 이용하여 전기를 생산하고, 이를 활용하여 수소를 얻는 방법까지 연구하고 있어요. 육상풍력은 입지 제한, 소음, 환경 훼손의 문제가 있으며, 주로 연해에 설치되는 고정식 해상풍력단지는 어업권 문제로 인한 주민들과 민원이 다수 발생하는 문제를 해결하기 위해 수중에 떠 있도록 설계한 부유식 해상풍력을 수심이 깊은 해상에도 설치하고 있어요. 육지에서 멀리 떨어진 바다의 우수한 풍황자원을 활용할 수 있어 민원이 적으며 대규모 단지 사업추진이 가능합니다. 최소한의 환경영향을 위해 해상풍력 사업 부지를 해안선으로부터 65km 이상 떨어진 먼 바다에 조성하고, 지역 주민·어민들과 상생할 수 있도록 노력하고 있습니다.

03

에너지 산업의
신기술

최근에는 수소를 고압 압축하거나 저온 액화시키는 기존 저장기술과 다르게 상온·상압에서 수소를 저장하고 추출할 수 있는 해수전지 기반 수소저장시스템을 개발했습니다.

이 기술은 해수 염분 성분인 나트륨과 물을 반응시켜 수소를 뽑아내는 기술이에요.

해수전지 : 무한한 바닷물을 이용해 전기에너지로 생산된 전지를 말한다. 현재 우리나라는 세계 유일의 해수전지 원천 기술 보유국으로 앞으로 기술개발과 사업화에 노력하고 있다.

출처 : 해수전지_UNIST

기존 수소저장기술은 한 번 반응한 금속은 재사용이 어려웠지만, 이번에 개발한 시스템은 해수전지가 지속적으로 나트륨을 환원시켜 사용이 가능하며, 수소를 생산·저장할 수 있는 에너지저장시스템으로 일석이조의 효과를 볼 수 있답니다.

현재 수소저장은 350~700기압의 고압에서 압축하거나 영하 253℃ 초저온 액화를 이용하기 때문에 에너지 비용이 높고, 안전문제도 걸림돌이 되고 있습니다. 하지만 UNIST가 개발한 해수전지는 충전 중에 알칼리금속이 재생되

출처 : 해수전지 수소 저장 시스템 모식도_UNIST

고 전기를 뽑아 쓰는 방식입니다. 방전 중에 나트륨이 물과 반응해 수소가 추출되는 원리를 이용하지요. 이를 통해 나트륨을 계속 재사용할 수 있는 장점이 있으며, 실제 시스템 작동 환경처럼 산소에 노출된 환경에서 실험한 결과, 99.1%의 패러데이 효율을 보였습니다. 해수전지 크기를 실험실 수준 40배 이상 (70㎠)으로 키운 시스템에서도 94.7%의 효율을 기록할 정도로 우수한 성능을 가지고 있답니다.

무한한 자원인 바닷물을 이용하는 해수전지시스템은 수소저장과 생산이 동시에 가능한 신개념 수소저장기술을 이용하고 있어요. 스마트 수소 스테이션과 같은 수소 생산·저장·운송이 필요한 다양한 분야에 활용할 수 있다는 것도 하나의 장점이랍니다.

해수전지와 리튬이온전지의 장단점

구분	해수전지	리튬이온전지
장점	– 저렴한 비용 – 친환경적임 – 화재 위험이 적음 – 무한한 해수를 에너지 소재로 사용	– 자연 방전이 거의 없음 – 가벼운 무게 – 메모리 효과 없음
단점	– 부피가 큼 – 세라믹 전해질을 사용해 출력을 높이는 데 한계가 있음	– 비싼 비용 – 폭발 위험이 있음 – 희소한 자원을 에너지 소재로 사용 – 온도에 민감함

출처 : 전문연구정보(NRIC)

04

유망한 에너지 기업

① 생물이 준 선물, 바이오에너지

☑ 미생물이 택배박스를 '바이오 디젤'로 변신시킨다고?

집에 많이 쌓여있는 폐지나 택배박스 재활용이 잘 되고 있는지 걱정해 본 적이 있나요? 주변을 살펴보면 농사나 벌목과정에서 버려지는 많은 농업부산물 등, 아까운 자원들이 너무 많아요. 이 자원들을 이용해 목질계 바이오매스에서 바이오 디젤 원료를 생산할 수 있는 새로운 미생물이 개발되었다고 합니다. 이 미생물의 경우는 디젤 원료를 기존 미생물보다 2배 이상 생산 가능합니다.

지금도 팜유, 대두유와 같은 식물성 기름이나 폐식용유를 화학적으로 처리해 생산하기도 하지만, 이 경우는 원료 수급이나 국제적 식량 자원의 불균형 분배와 같은 문제점을 가지고 있습니다. 그 대안으로 식량 작물원료가 아닌 버려지는 목질계 바이오매스를 이용한 바이오 연료에 대한 연구가 진행되고 있답니다.

사실 목질계 바이오매스는 지구상에 존재하는 가장 풍부한 탄소자원이자 2세대 바이오연료 생산의 원료로 연간 약 1000억 톤까지 만들 수 있다고 해요.

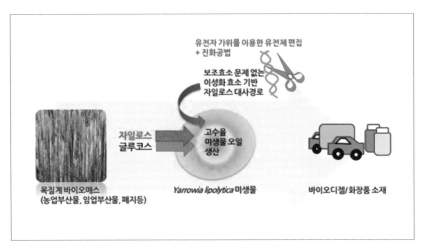

출처 : 목질계 바이오매스를 바이오디젤 개발 모식도_한국과학기술연구원

미생물은 목질계 바이오매스에 포함된 당 성분을 먹이를 대사하는 과정에서 바이오 디젤 원료를 생산할 수 있습니다. 목질계 바이오매스에 포함된 당은 보통 약 65~70%의 포도당과 약 30~35%의 자일로스로 구성되어 있어요. 하지만 자연계에 존재하는 미생물들이 포도당을 이용해 디젤원료를 만드는 데는 효과적이지만, 자일로스는 잘 활용하지 못해 디젤원료 생산 수율이 떨어진다는 단점이 있습니다.

이를 해결하기 위해 포도당뿐만 아니라 자일로스도 효과적으로 이용해 디젤 원료를 생산할 수 있는 신규 미생물을 개발했습니다. 특히 미생물이 디젤 원료를 생산하는 데 필수적인 보조효소의 공급을 방해하지 않도록 유전자 가위를 이용해 대사경로를 재설계하는 방법을 연구했습니다. 이어 생산 능력이 우수한

자일로스 : 별명은 목당(Wood sugar)이며 식물게에 널리 분포하는 오탄당이다. 또한 Hemicellulose의 중요 성분으로 천연에는 식물세포벽 Hemicellulose의 일종인 Xylan의 구성성분이다.

보조효소 : 효소의 작용을 보조하는 저분자 화합물. 조효소라고도 한다. 좁은 뜻으로는 효소의 단백질 부분에 가역적으로 비교적 약하게 결합하고 있는 경우를 말한다.

개체만을 선별하고 재배양하는 등 진화의 과정을 실험실에서 효과적으로 통제하는 공법을 통해 자일로스 이용 능력을 높였답니다.

이 실험을 통해 연구진은 자일로스를 포함한 당 성분을 모두 사용해 디젤 원료를 생산할 수 있는 가능성을 확인했으며, 보조효소 문제가 있는 대사 경로를 활용한 기존의 연구와 비교해 생산수율이 2배 가까이 높아졌습니다.

이처럼 바이오디젤은 기존 디젤차량 운행을 제한하지 않으면서 온실가스와 미세먼지를 줄일 수 있는 효과적인 대체 연료로 떠오르고 있습니다.

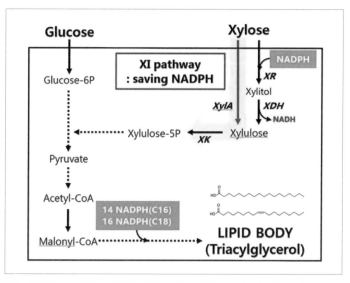

출처 : 디젤 원료 생산 균주 유전자 편집 등으로 도입된 이성화효소 기반의 자일로스 대사경로_한국과학기술연구원

② 쓰레기의 마술, 폐기물에너지

☑ 음식물쓰레기와 가축 분뇨가 에너지로 바뀌는 마법 같은 기술을 아시나요?

우리가 무심코 버리는 음식물쓰레기 처리비용은 톤당 15만 원 정도입니다. 만약, 연간 500만 톤을 처리해야 한다면 8,000억 원 가량이 필요해요. 2018년 음식물쓰레기 수거 및 처리 비용은 무려 1조 3,000억 원 정도인데요. 유용하게 쓰여야 할 세금이 음식물쓰레기 처리 비용으로 사용된다고 하니 너무 안타깝습니다. 더군다나 2012년부터 해양투기가 금지됐고 유해발암물질인 다이옥신 발생 우려로 지금은 소각 및 연료 활용도 어려운 실정입니다.

그런데 최근 '음식물쓰레기 재생 고형연료화 기술'을 확보하는 데 성공했다고 합니다. 이 기술은 음식물쓰레기를 산소가 없는 환경에서 고분자 물질을 열분해시키는 방식으로, 우리가 걱정하는 다이옥신 발생 우려가 없다고 해요. 열분해를 한 후에는 염분을 제거하는 탈염공정을 거치게 되는데 효율이 기존 대비 90% 이상 향상되었다고 합니다. 염분을 경제적이면서도 폐수 발생 없이 제거해 염분 함량을 3~5%대에서 0.2%까지 낮추는 데 성공했습니다. 이로 인해 열분해 과정에서 발생하는 바이오 가스까지 건조 에너지로 재활용해 시스템 운영비를 절감하는 효과도 기대할 수 있게 되었어요.

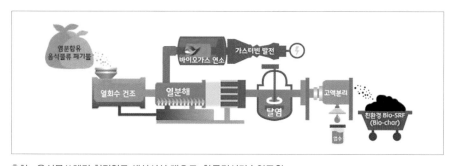

출처 : 음식물쓰레기 청정연료 생산시설 개요도_한국건설기술연구원

우리나라의 축산업은 농업 생산액에서 40%를 차
지하기 때문에 가축 분뇨 또한 환경오염에 심각한 문
제로 대두되고 있어요. 이 외에도 앞서 이야기한 음식
물쓰레기, 하수 슬러지, 매립 쓰레기 등 유기성 폐자원
에서 발생하는 바이오가스에서 메탄가스, 이산화탄소
같은 온실가스를 포집한 뒤 자원화할 필요성이 대두
되고 있습니다.

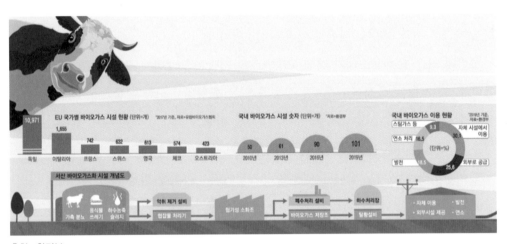

출처 : 환경부

한국에너지기술연구원에서는 기능성 유기화합물
로 구성된 흡수제를 이용해 바이오가스에서 메탄과
이산화탄소를 분리하는 기술 연구와, 금속산화물 흡
착제를 활용해 황화수소를 고도 분리하는 기술을 개
발했습니다.

따라서 기존에는 황화수소를 1ppm 정도 제거하는
데 그쳤다면, 최근에는 10ppb까지 제거할 수 있게 되

었습니다. 이를 통해 바이오가스를 이용한 액체연료, 수소 등 고부가가치 청정연료 생산이 가능하게 되었답니다.

이처럼 기술의 발달로 기존 바이오가스의 3세대(전력생산을 위한 스팀터빈 구동용 연료) 이용 분야 한계를 극복하고, 4세대(고순도 가스로 분리해서 도시가스나 자동차 연료)로 확대할 수 있는 기반을 만들게 되었어요. 5세대(고순도 가스로 분리해 연료전지)를 통해 수소 생산을 위한 원료의 연구가 진행된다면 바이오가스의 실생활 접목이 가능해졌습니다.

기존 황화수소 제거기술은 장치비와 운전비가 커서 환경 유해물질이 많이 발생했으며, 회분식 금속흡착법은 1회 사용 후 흡착제를 폐기하게 되어 환경 문제를 야기하기도 했습니다.

회분식 : 한 번에 재료 1회분만을 처리하는 방법. 1회분, 2회분,...의 의미를 갖는다. 연속식에 상대해 쓰는 용어이다.

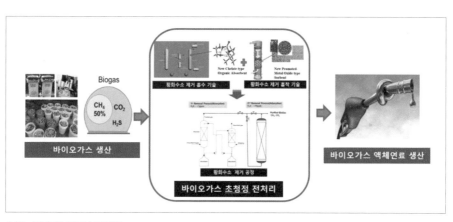

출처 : 한국에너지기술연구원

이러한 문제를 해결하기 위해 황화수소의 선택적 흡수와 재생 가능한 유기용매 사용으로 장치비, 운전비를 절감하고, 저온·저압에서 황화수소를 고속 흡착할 수 있는 공정을 단순화해 경제성도 확보할 수 있게 되었습니다.

③ 저비용 고성능 차세대 나트륨 전지

☑ 전기자동차 차량 원가의 30%가 배터리 가격이라고?

　전기자동차 시대를 앞두고 기업들은 차량 원가의 약 30%에 달하는 배터리 가격을 낮추기 위한 기술경쟁을 하고 있어요. 이에 KIST에서는 리튬 이온 배터리보다 저렴한 나트륨 이온을 활용한 배터리를 개발했습니다.

　나트륨 이온 배터리는 리튬보다 500배 이상 풍부한 지각 보존량을 가지는 나트륨을 기반으로 만들고, 리튬 이온 전지보다 40% 저렴해 차세대 배터리로 주목받고 있답니다. 하지만 나트륨 이온은 리튬 이온보다 무겁고 커서 현재 리튬 이온 배터리에서 쓰이는 흑연과 실리콘 소재에 이온을 안정적으로 저장할 수 없다는 한계를 가지고 있습니다.

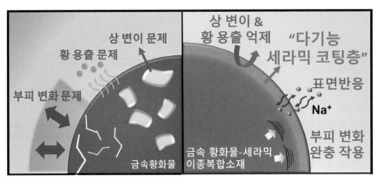

출처 : 나트륨 이온전지용 대용량 음극소재의 특성_KIST

　이를 극복하기 위해 대용량 음극소재 후보로 주목받는 금속 황화물 소재인 이황화몰리브덴 소재를 활용했어요. 사실 이황화몰리브덴은 많은 전기를 저장할 수 있지만, 전기 저항이 크고 배터리 동작 시 소재의 구조적 불안정성이 있어

사용되지 못하고 있었죠. 하지만 저가·친환경 재료인 실리콘 오일을 이용한 세라믹 나노 코팅층을 만들어 이를 극복했습니다. 이황화몰리브덴 전구체와 실리콘 오일을 섞어 열처리하는 단순한 공정을 통해 저항이 작으면서도 안정적인 이황화몰리브덴 이종복합소재를 제작할 수 있었습니다.

이황화몰리브덴 이종복합소재는 코팅층이 없는 이황화몰리브덴 소재보다 2배 이상 많은 전기를 안정적으로 저장(600mAh/g 이상)할 수 있어요. 또한 5분 이내의 빠른 충·방전을 200회 반복해도 용량을 그대로 유지할 수 있는 특성도 가지고 있지요. 이러한 우수한 성능은 이황화몰리브덴 소재 표면의 높은 전도성과 강성을 가지는 세라믹 나노-코팅층이 소재의 저항을 낮추고 구조를 안정화해주면서 코팅층 표면에서 추가적인 전기를 저장할 수 있는 장점이 있습니다.

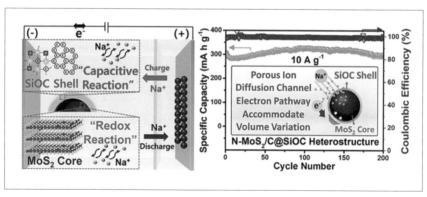

출처 : 나트륨 이온전지용 대용량 음극소재의 특성_KIST

④ 종이로 만드는 친환경 배터리, 나노셀룰로오스

☑ 종이로 배터리를 만들면 어떤 모양일까요?

셀룰로오스 : 분자식 (CHO). 고등식물의 세포벽의 중요 성분을 구성하는 당류. 섬유소(纖維素)라고도 한다.

　　　　종이의 원료인 나무의 약 40%가 셀룰로오스로 구성되어 있어요. 셀룰로오스 입자를 나노 크기로 잘게 갈아 '나노종이'를 만들어요. 이 종이에는 작은 구멍이 많이 뚫려 있어서 기존 배터리의 플라스틱 분리막을 대체할 수 있습니다.

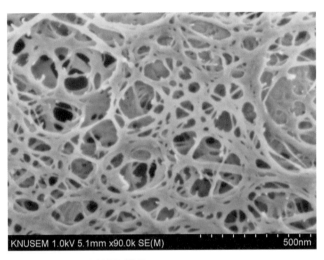

출처 : 셀룰로오스_국립산림과학원

　　플렉시블 종이 리튬 이온 배터리(Flexible Paper Lithium-ion Batteries)는 나노종이 분리막에 전극을 입히는 방식으로 둘을 일체화하는 데 성공해 분리막의 양쪽 면에 각각 양극과 음극 역할을 할 수 있는 물질을 입혔어요.

　　기존 리튬 이온 배터리는 전극에 해당하는 양극과 음극 그리고 분리막이 각

각 분리돼 있고, 전극을 만들 때 알루미늄과 구리와 같은 금속 물질이 필요하기 때문에 배터리를 과도하게 휠 경우 서로 분리될 수 있었습니다. 하지만 나노종이로 만든 '전극 일체형 분리막'은 휘거나 외부에서 큰 힘을 가해도 안정적으로 작동하고, 기존 배터리보다 충·방전 효율이 3배나 높아 고출력 배터리로 활용할 수 있게 되었습니다. 또한 나무 소재로 이용해 친환경이라는 점에서 더 큰 의의가 있습니다.

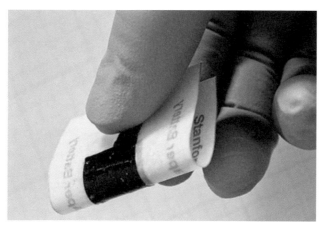

출처 : 플렉시블 종이 리튬 이온 배터리. https ://bit.ly/3Kd7WIT

⑤ 폭발되지 않는 바나듐 이온 배터리

☑ 드릴로 뚫어도 폭발하지 않는 배터리 소재가 있다? 없다?

　요즘 학생들이 대학 캠퍼스 내에서 많이 사용하는 전동킥보드가 충전 중에 화재 사고가 많이 일어나고 있어요. 화재 원인은 킥보드에 장착된 리튬 이온 배터리의 과열이라고 해요.

이에 화재의 위험성이 많은 리튬 이온 배터리의 대안으로 높은 강도를 갖고 있는 원자번호 23번 바나듐(Vanadium)이 떠오르고 있습니다. 강철에 소량만 첨가해도 강도를 크게 높일 수 있기 때문에 고속 절삭공구나 크랭크 축처럼 높은 강도를 요구하는 장비의 소재로 많이 사용되고 있어요. 또한 연성과 전성 능력이 좋아서 가공이 수월하고, 황산이나 염산, 또는 강알칼리 등을 만나도 부식하지 않는 뛰어난 내부식성까지 갖추고 있지요.

바나듐 배터리(Vanadium battery)는 양극과 음극이 액체 바나듐으로 된 전해액을 이용하는 배터리로, 바나듐 레독스 배터리(Vanadium redox battery), 바나듐 레독스 흐름 배터리(VRFB, Vanadium Redox Flow Battery)라고도 해요. 바나듐 레독스 배터리는 양극과 음극에 사용된 바나듐 전해액이 산화 또는 환원되면서 충전과 방전되는 원리예요.

이 배터리는 기존 2차 전지와는 달리 전해액(Electrolytes) 내의 활물질(Active material)이 산화-환원되어 충·방전되는 시스템으로 전기에너지를 전해액의 화학적 에너지로 저장시키는 전기화학적 축전장치라는 차이점이 있습니다.

실제 전기 화학적 반응은 스택(Stack)에서 일어나고 전해액을 유체펌프를 이용해 스택 내부에 지속적으로 순환시킴으로써 작동해요.

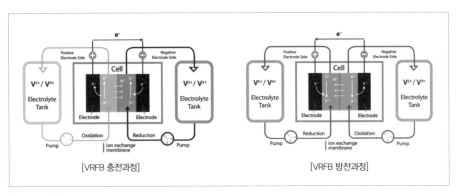

출처 : 해시넷

바나듐계 레독스 흐름 배터리(VRFB)는 크게 스택과 전해질, 그리고 전해질을 순환시키기 위한 펌프로 구성되고, 스택은 전기화학적 반응이 일어나는 곳으로 전체 시스템의 출력은 스택의 크기와 개수에 의해 결정됩니다. 이때 에너지는 양극과 음극의 전해질에 저장되므로 배터리의 에너지 용량은 전해질 탱크에 담긴 전해질의 양에 의해 결정됩니다.

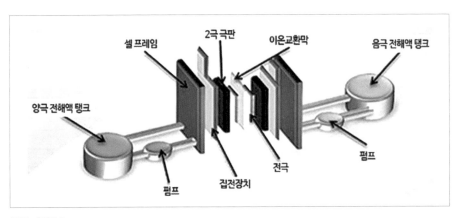

출처 : 해시넷

하지만 바나듐 배터리는 리튬 이온 배터리보다 2~3배 이상의 공간을 차지하기 때문에 전기자동차나 스마트폰용 배터리로는 사용하기가 어렵습니다.

〈리튬 이온 배터리와 바나듐 흐름 배터리의 장단점 비교〉

구분	리튬 이온 배터리	바나듐 흐름 배터리
장점	시스템에 적용된 에너지 효율이 90% 이상 수준을 유지하며, 부피가 발전용량에 따라 다르지만, 최소화 가능.	양극의 전해질이 각각의 탱크에 분리돼 화재 위험이 없음. 전해질 및 소모품을 제때 교체하면 수명이 최소 20년.
단점	충전 방전 사이클이 약 3,000회로 수명이 짧음. 양극과 음극이 맞닿을 수 있어 화재의 위험이 큼.	시스템에 적용된 에너지효율이 70% 수준임. 설치 시 탱크가 필요해 부피가 수 ㎥에 이를 정도로 크게 차지함.

⑥ 핵융합발전

☑ 왜 핵융합발전이 필요한가요?

핵융합은 태양에너지의 원리로 가벼운 원자핵들이 융합해 무거운 원자핵으로 바뀌는 과정을 말하며, 이때 줄어든 질량은 에너지로 변환됩니다. 아인슈타인의 질량에너지 등가의 법칙에 의해, $E=mc^2$ 에서 C는 빛의 속도($3 \times 10^8 m/s^2$)로 엄청 많은 에너지를 발생시킵니다. 지구에서 핵융합 반응을 만들기 위해서는 태양과 같은 초고온의 환경을 인공적으로 만들어줘야 하며, 1억℃의 플라즈마를 담을 용기가 필요합니다.

> **플라즈마** : 기체가 초고온 상태로 가열되어 전자와 양전하를 가진 이온으로 분리된 상태를 말한다.

인공태양 방법 중 가장 실용화에 근접한 방식이 토카막(Tokamak)입니다. 토카막은 태양처럼 핵융합반응이 일어나는 환경을 만들기 위해 초고온의 플라즈마를 자기장을 이용해 가두는 핵융합장치예요. 이때 플라즈마를 구속하는 D자 모양의 초전도 자석으로 자기장을 만들어 플라즈마가 도넛 모양의 진공용기 내에서 안정적 상태를 유지해줄 수 있도록 합니다.

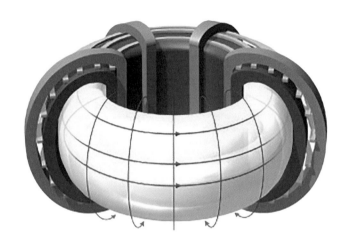

출처 : 토카막_한국핵융합에너지연구원

하지만 이런 핵분열발전은 폭파가 된 후에도 지속적으로 핵연료를 식혀주기 위해 냉각수를 넣어주는데, 이 오염수를 별도로 정화하는 데 많은 비용과 시간이 소요됩니다.

하지만 이런 문제점에 비해 핵융합발전은 더 많은 장점을 가지고 있어요. 예기치 못한 사고 시에도 폭발 및 심각한 사고의 우려가 없기 때문에 안전하게 사용할 수 있답니다.

핵융합 리튬

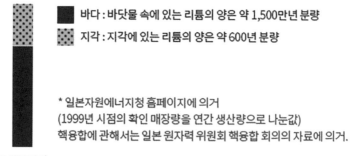

바다 : 바닷물 속에 있는 리튬의 양은 약 1,500만년 분량

지각 : 지각에 있는 리튬의 양은 약 600년 분량

* 일본자원에너지청 홈페이지에 의거
(1999년 시점의 확인 매장량을 연간 생산량으로 나눈값)
핵융합에 관해서는 일본 원자력 위원회 핵융합 회의의 자료에 의거.

약 1,500만년

약 40년 분량 — 석유

약 60년 분량 — 천연가스

약 230년 분량 — 석탄

약 65년 분량 — (재처리 없을경우) 우라늄

출처 : 핵융합 연료의 특징_한국핵융합에너지연구원

05

에너지 클러스터를 형성하면
어떤 점이 좋은가?

① 송도 클린 에너지 클러스터

인천시는 탄소중립 생태계를 위해 수소에 9조 원을 투자해 지역의 생산과 소비 패러다임을 바꾸고 있습니다. 산업·경제 전반에 소비되는 화석연료를 수소로 전환하고, 탄소배출량을 연간 21만 3,000t을 감축하는 미래 계획을 가지고 있습니다. 이 효과는 30년생 소나무 3,228만 그루를 심는 효과가 있답니다.

인천형 탄소중립 생태계 구축 계획을 살펴보면, 2025년까지 인천 서구에 수소생산클러스터를 조성해 3만 2,200t 수소 생산시설을 구축해 연간 수소차 8만여 대에 연료 공급이 가능하도록 현재 SK E&S, 현대차 등과 업무협약을 체결했습니다.

인천 서구 수도권매립지에서 발생하는 바이오가스로 블루수소를 생산해 2025년부터 매년 2,200t 수소 연료 공급이 가능하다고 합니다. 2030년까지 5조 2,000억 원을 들여 시내버스 2,204대 중 1,800대를 차례대로 친환경 수소버스 교체할 구체적인 계획도 세우고 있어요. 현재(2021년) 9개인 수소충전소도 구축하였으며, 2030년에는 52개소로 확대할 계획이라고 합니다.

> **블루수소** : 그레이 수소 추출 때 발생하는 탄소를 포집·저장((CCS·Carbon Capture and Storage)하거나 포집·활용·저장(CCUS) 기술을 적용해 탄소배출을 최소화한 공정을 통해 생산된 수소를 말한다. 그레이 수소보다 생산 단가가 높으나 탄소배출이 적다는 장점이 있다.

또한 인천 송도에 100MW급 수소연료전지 발전소 2개소를 건립하고, 한국가스공사에서도 100MW급 수소연료전지 발전소를 2024년에 준공 예정입니다. 그리고 GS에너지와 인천종합에너지 1조 원 사업비를 들여 100MW급 수소연료전지 발전소를 2025년에 건립하고, 인천 산업단지 20곳에 수소연료전지 발전소(20MW급)를 설치한다고 합니다. 그뿐만 아니라 인천 강화·옹진군 등 도서지역에도 마을단위의 수소연료전지 발전소(40MW급)를 설치하고, 연면적 500㎡ 이상 신규 건축물과 노후 공공건물의 리모델링 시 수소연료전지 발전설비가 의무화된다고 합니다.

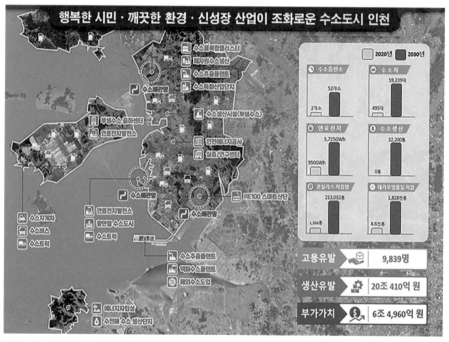

출처 : 2030 인천형 수소생태계' 구축 모델_인천

② 경북 수소연료전지 발전 클러스터

경상북도는 수소연료전지 발전 클러스터 구축 사업으로 2027년까지 5년간 1863억 원을 투자해 포항 블루밸리 국가산단 등 8만 평 부지에 수소연료전지 발전 기반시설을 만들고 있어요. 친환경 에너지원으로 주목받고 있는 수소연료전지 기업집적단지를 조성해 전문기업을 유치하고, 부품소재성능평가 코어 국산화 실증 시범 코어 등을 구축할 예정입니다.

출처 : 경상북도 수소연료전지 발전 클러스터 포스터

이번 사업은 정부의 수소경제 활성화 로드맵의 체계적 이행을 위한 수소생산·저장, 연료전지 기술 등과 관련한 석·박사급 고급인력 양성을 목표로 하고 있어요. 경상북도는 영남대학교, 포스텍, 포항테크노파크, (주)대양과 함께 컨소시엄을 구성해, 전국 6개 시도와 경쟁을 펼친 결과 최종 선정되었습니다. 경상북도에 수소연료전지 협력 부품업체가 많이 있고, 산·학·연이 체계적으로 구축돼 수소경제 관련 전후방 산업에 고급인력을 공급할 수 있는 최적의 산업생태계 여건을 갖췄다는 점이 유리하게 작용했습니다.

이에 경상북도는 총사업비 43억 원을 투입해 2021년부터 5년간 영남대와 포스텍에서 116명 이상의 수소 융·복합 전문 인력을 배출할 계획도 세우고 있답니다.

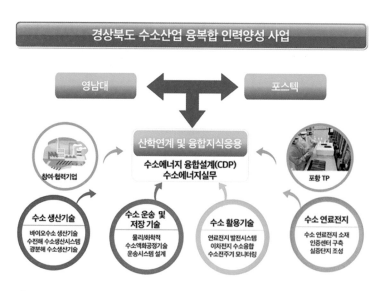

출처 : 경상북도의 수소연료전지 산업클러스터 기본계획

에너지
개념 사전

01

필수 에너지 용어에 대해
알아보자

"최근 많은 에너지 용어가 왜 생겼을까요?"

전력의 기술이나 IoT 빅데이터를 활용한 에너지 산업들, 탄소중립 등과 같은 다양한 에너지 신산업 기술이 발달하다 보니 용어 또한 많이 생겨났습니다.

지금부터는 에너지와 관련해 반드시 알아야 하는 용어들을 살펴보겠습니다.

① 에너지저장시스템(ESS)

ESS란 생산된 전기를 '전력 계통(Grid Energy Storage)'에 저장했다가 전기가 가장 필요한 시기에 공급해 에너지 효율을 높이는 시스템입니다. 예를 들어, 심야에 싼 전기를 ESS에 저장했다가 주간 피크시간에 사용함으로써 에너지의 수요 조절 및 전기요금 절감이 가능한 시스템입니다. 따라서 전기요금에 대한 걱정을 조금은 덜 수 있게 되었어요.

또한 신재생에너지와의 연계가 가능해요. 풍력·태양열 발전과 같은 신재생에너지 사업의 출력 불안정과 전압변동 등으로 인해 전력 품질이 저하되는 현상을 보완하는 역할을 합니다.

② 스마트그리드

스마트그리드란 전기 및 정보통신 기술을 활용해 전력망을 지능화·고도화함으로써 고품질의 전력서비스를 제공하고, 에너지 이용효율을 극대화하는 전력망을 말해요. 이전에는 전기공급이 '한 방향'으로 진행되었다면, 스마트그리드에서는 ICT기술을 통해 전력 수요를 '쌍방향'으로 주고받으면서 에너지 효율을 극대화하는 기술이랍니다.

앞서 이야기한 ESS를 통해 전력 수요가 적은 시간대에 저장해둔 전기와 신재생에너지를 연계해 필요한 시간에 사용한다면 지금보다 전력을 훨씬 절약할 수 있으리라 생각됩니다.

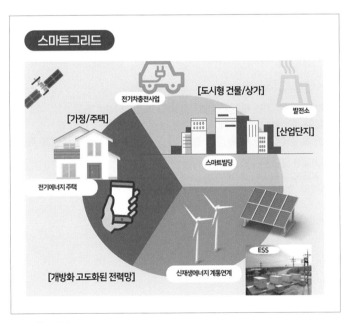

출처 : 한국전력

③ 한전 EVC(전기차충전서비스)

이제는 우리 주위에서도 전기차를 많이 볼 수 있습니다. 최근에는 에너지 절약과 환경친화적 모델로 각광받고 있지요. 늘어나는 수요에 발맞추어 전기차 인프라와 서비스에 대한 노력은 계속되고 있답니다. 대표적으로 한전이 제공하는 EVC(전기차충전서비스)가 있습니다.

출처 : 한국전력

④ 건물에너지관리 시스템 BEMS와 K-BEMS

☑️ BEMS가 무엇일까요?

BEMS(Building Energy Management System)는 건물 내 주요 공간·설비에 부착한 센서를 통해 실시간으로 에너지 사용 데이터를 수집·분석하고, 에너지 소비 절감과 건물의 쾌적한 실내환경 유지를 위해 활용되는 최첨단 ICT 시스템입니다.

통계자료를 분석하면, 전 세계 에너지 소비량의 약 40%가 건물에서 소비되는 점을 감안할 때 BEMS를 통한 에너지 절감 효과가 중요하다는 것을 알 수 있지요.

우리나라의 경우는 한전에서 'K-BEMS(한전형 에너지관리시스템)'를 통해 전기, 가스, 열 등 다양한 에너지원 사용 정보를 실시간으로 수집 및 분석해 에너지 효율 향상과 비용 절감을 가능하게 하는 에너지 통합 제어 시스템을 구축하였어요.

출처 : 한국전력

⑤ 스마트 시티

　'스마트 시티'는 이제 자연스럽게 접할 수 있는 용어로 첨단 정보통신기술 (ICT)을 이용해 교통문제, 환경문제, 주거문제, 시설 비효율 등을 해결해 시민들이 편리하고 쾌적한 삶을 누릴 수 있도록 한 도시 전체를 말해요. 다시 말해, 신재생에너지, ESS, 전기차, 주택, 건물 등의 친환경 신산업기술이 집약된 인프라의 집합체라고 할 수 있습니다.

'스마트 시티'란 첨단 정보통신기술(ICT)을 이용해 교통 문제, 환경 문제, 주거 문제, 시설 비효율 등을 해결하여 시민들이 편리하고 쾌적한 삶을 누릴 수 있도록 한 도시.

출처 : 한국전력

02

태양광 에너지 용어에 대해 알아보자

① 태양광 모듈의 전자파가 높다고 하던데 사실인가요?

　태양광 발전소의 전자파는 직류를 교류로 전환하는 '인버터'라는 전력변환장치 주변에서 아주 소량 발생합니다. 이때 발생량도 인체 보호 기준의 0.2% 수준으로 인체에 해롭지 않아요.

출처 : 한국에너지공단_신재생에너지센터

② 태양광이 반사가 되어 눈이 부시면 어떻게 하지?

태양광 발전을 통한 생산량을 높이기 위해서는 빛 반사를 줄이고, 흡수율을 높여야 해요. 모듈 제작 시 빛을 잘 흡수할 수 있는 특수유리를 사용하며, 표면에 반사방지 코팅기술을 적용해 반사율을 최소화하기 때문에 걱정하지 않아도 됩니다.

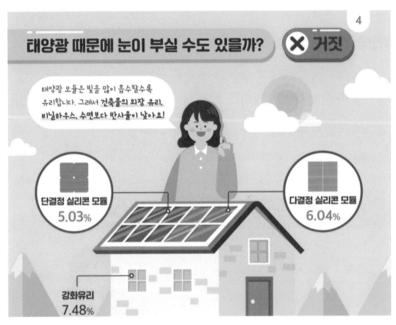

출처 : 한국에너지공단_신재생에너지센터

③ 태양광 발전소 주변은 덥다?

독일 Bavaria에서는 가축들을 태양광 발전설비 주변에 방목해 태양광 발전과 양들의 공생으로 발전 수익을 높이고 있으며, 이외에도 축산 수익 부가가치를 창출하고 있어요. 동물들도 건강하게 자랄 정도의 일상적인 온도와 습도를 유지하고 있습니다.

출처 : 한국에너지공단_신재생에너지센터

④ 태양광 모듈은 중금속으로 이루어져 있다?

우리나라에 보급된 태양광 모듈에는 크롬, 카드륨 등은 포함되지 않았어요. 모듈과 전선 연결을 위해 중량 기준 0.1% 정도 극소량의 납이 사용되기 때문에 걱정하지 않아도 됩니다.

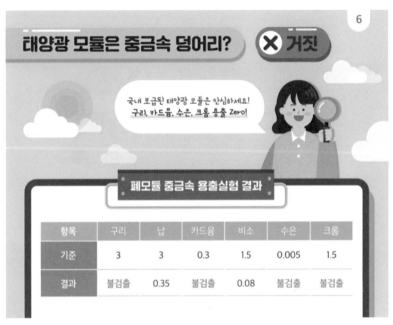

출처 : 한국에너지공단_신재생에너지센터

⑤ 단결정 실리콘 태양전지, 다결정 실리콘 태양전지

다결정 태양전지와 단결정 태양전지를 구분 짓는 것은 공정방식에 있어요. 다결정 태양전지는 여러 실리콘을 한꺼번에 녹여서 만들어낼 수 있지만, 단결정 태양전지의 경우는 하나의 결정만을 정제해야 하기 때문에 훨씬 더 복잡한 공정을 필요로 합니다.

다결정 태양전지의 가장 큰 장점은 간단한 공정법과 저렴한 가격이에요. 하지만 효율의 경우는 18~19%로 단결정 태양전지에 비해 평균효율이 낮고, 더 넓은 면적이 필요합니다. 다결정 태양전지의 모양은 모듈이 단결정에 비해 푸른색을 띠며 불규칙한 무늬 형태가 나타나는 것이 특징이에요.

이에 비해 단결정 태양전지는 다결정 태양전지와 반대되는 특징을 가지고 있어요. 효율면에서는 19.5~20%의 효율을 가지며, 적은 면적으로도 많은 전기를 생산해요. 하지만 단결정 태양전지가 더 비싸다는 게 단점입니다. 외형은 검은색을 띠고, 특별한 무늬나 흔적이 없이 균일한 모양입니다.

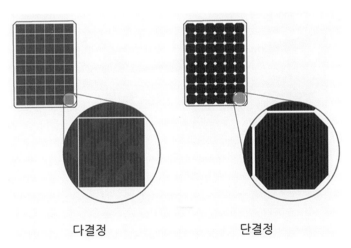

다결정   단결정

출처 : Why EnergySage

⑥ 모듈

모듈이란 보통 2~100개의 태양전지를 연결한 것을 말하며 이러한 모듈을 연결해 어레이를 제작해요. 태양전지를 모듈화하기 위해서는 모듈의 광학적 성질, 전기적 성질을 만족해야 하며, 특히 내구성, 신뢰성 등이 요구됩니다. 모듈을 만드는데 필요한 태양전지의 수는 다음과 같이 결정됩니다.

$$태양전지의 \ 수 = \frac{(축전지 \ 입력 \ 전압 \times 축전지 \ 직렬 \ 개수)}{태양전지 \ 모듈의 \ 출력 \ 전압}$$

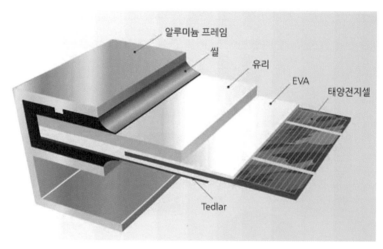

출처 : 솔라센터

⑦ **박막 태양전지**(Thin Film Solar Cells)

실리콘 웨이퍼 대신 값싼 유리나 금속기판 위에 반도체 박막을 증착해 셀과 모듈을 일관공정으로 제조하는 2세대 태양 전지 기술입니다.

1세대의 태양 전지가 소재→잉곳→웨이퍼→셀→모듈의 순차적 공정으로 처리하는 것과 달리 TFT-LCD 박막 기술 발달로 셀과 모듈을 일관공정으로 처리해 가격을 낮출 수 있어요.

박막 태양 전지 종류는 쓰는 원료에 따라 비정질, 카드뮴 텔루르(CdTe), 셀렌화구리인듐갈륨(CIGS : Copper Indium Gallium Selenide), 염료 감응형 태양 전지(DSSC : Dye Sensitized Solar Cell)가 있습니다.

출처 : dreamstime_한국에너지기술연구원

최근 연구되고 있는 플렉서블 박막 태양전지는 심미성과 적용성이 우수해 기존의 대용량 발전 시장을 대체할 수 있을 뿐만 아니라, **BIPV**(Building Integrated Photovoltaics(PV)) 혹은 **BAPV**(Building Attached PV)와

BIPV : 건물 일체형 태양광 모듈을 말한다. 건축물 외장재로 태양광 발전 시스템을 접목해 발전효율을 높이는 기술이다.

같은 마이크로 분산 발전이나 VIPV(Vehicle Integrated PV) 및 **DIPV**(Device Integrated PV) 등과 같은 자가 공급형 전원장치에도 적용이 가능하므로 생활밀착형 능동에너지원으로써 차세대 전력공급시스템에 매우 적합한 기술이라고 볼 수 있어요.

플렉시블 CIGS 박막 태양전지 기술로 유연성이 확보된 태양전지는 곡면이 많은 대상이라도 그 형태에 맞게 변형이 가능해 건물용 BAPV(BIPV), 차량용 VIPV 또는 군사용, 노트북, 휴대폰 등 활용성이 높습니다.

⑧ 비정질 실리콘 태양전지

비정질 실리콘(a-Si)을 유리 기판 사이에 주입해 만드는 박막형 태양전지를 말합니다. 가장 일반적인 재료인 실리콘을 사용하며, 박막 트랜지스터 액정 표시장치(TFT-LCD) 생산 기술을 기반으로 하고 있어, 기술적 안정성과 공정 구현의 용이, 다양한 형태로 제작이 가능하다는 장점이 있어요. 하지만 에너지 전환 효율(ECF : Energy Conversion Efficiency)이 낮다는 단점이 있습니다.

결정질이 아닌 상태, 즉 비정질 상태인 경우는 원자의 배열에 규칙성이 없는 상태의 실리콘 재료로 만든 태양전지를 말하는 것입니다. 이렇게 결정구조가 바뀌면 실리콘이 빛 흡수를 잘하는 성질을 갖기 때문에 얇은 막으로 만들어도 태양빛을 다 흡수할 수 있어요.

이렇게 태양전지를 얇은 막으로 만들면 대량 생산에 매우 유리하다는 장점은 있으나, 비정질 재료의 내부에는 원자 결합이 만족되지 않는 부분이 많아서 에너지변환 효율이 일반적으로 낮고, 시간에 따라 효율이 감소하는 초기 열화현상이 나타나게 됩니다.

03

재생에너지
TOP 5 키워드

① 재생에너지를 향한 각국의 야심찬 목표, RE100

RE100은 '재생에너지(Renewable Energy) 100%'의 약자로, 기업이 사용하는 전력량의 100%를 2050년까지 풍력·태양광 등 재생에너지 전력으로 충당하겠다는 국제 캠페인입니다.

RE100은 2014년 영국 런던의 다국적 비영리기구인 '더 클라이밋 그룹'에서 시작된 것으로, 여기서 재생에너지는 석유화석연료를 대체하는 태양열, 태양광, 바이오, 풍력, 수력, 지열 등에서 발생하는 에너지를 말합니다.

RE100의 경우는 정부가 강제한 것이 아닌 글로벌 기업들의 자발적인 참여로 진행되는 일종의 캠페인이라는 점에서 남다른 의미를 찾아볼 수 있어요. RE100을 달성하기 위해서는 크게 태양광 발전 시설 등 설비를 직접 만들거나 재생에너지 발전소에서 전기를 사서 쓰는 방식이 있어요. RE100 가입을 위해 신청서를 제출하면 본부인 더 클라이밋 그룹의 검토를 거친 후 가입이 최종 확정되며, 가입 후 1년 안에 이행계획을 제출하고 매년 이행상황을 점검받게 됩니다.

국내 기업 중에서는 SK그룹 계열사 8곳(SK㈜, SK텔레콤, SK하이닉스, SKC, SK실트론, SK머티리얼즈, SK브로드밴드, SK아이이테크놀로지)이 2020년 11월 초 한국 RE100위원회에 가입 신청서를 제출했어요.

우리나라의 경우는 산업통상자원부가 기업 등 전기소비자가 재생에너지 전기를 선택적으로 구매해 사용할 수 있는 한국형 RE100(K-RE100) 제도를 2021년부터 본격 도입했습니다.

출처 : 한국에너지정보문화재단

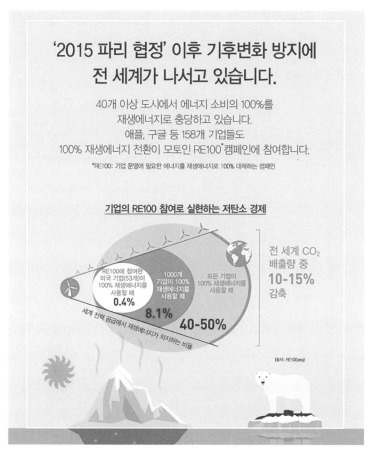

'2015 파리 협정' 이후 기후변화 방지에
전 세계가 나서고 있습니다.

40개 이상 도시에서 에너지 소비의 100%를
재생에너지로 충당하고 있습니다.
애플, 구글 등 158개 기업들도
100% 재생에너지 전환이 모토인 RE100*캠페인에 참여합니다.

*RE100: 기업 운영에 필요한 에너지를 재생에너지로 100% 대체하는 캠페인

기업의 RE100 참여로 실현하는 저탄소 경제

RE100에 참여한
미국 기업(53개)이
100% 재생에너지를
사용할 때
0.4%

1000개
기업이 100%
재생에너지를
사용할 때
8.1%

모든 기업이
100% 재생에너지를
사용할 때
40-50%

세계 전력 공급에서 재생에너지가 차지하는 비율

전 세계 CO_2
배출량 중
10-15%
감축

(출처: RE100.org)

출처 : 한국에너지정보문화재단

② 확대되는 ESS 시장(리튬 이온 배터리)

리튬 이온 배터리는 충전해서 사용할 수 있는 2차 배터리로 기전력은 3.6V이
며, 컴퓨터·휴대전화 등 우리 주위에서 많이 쓰이고 있는 배터리입니다. 가장 큰
장점은 가볍다는 것이에요. 리튬 금속은 다른 어느 금속보다 가볍기 때문에 이
배터리 또한 매우 가벼워 에너지 밀도가 매우 큽니다. 리튬 이온 배터리의 에너
지 밀도는 160Wh/kg으로 니켈-카드뮴 배터리의 약 2배, 납축 배터리의 6배 정

도입니다. 그리고 기전력이 커서 3.6V 배터리 하나로 휴대전화를 작동시킬 수 있습니다.

반면 니켈기반(Nickel-Based)의 배터리는 기전력이 1.2V이기 때문에 세 개의 배터리를 직렬 연결해야 리튬 이온 배터리 한 개의 기전력을 얻을 수 있어요.

기억효과 : 충전하기 전에 배터리가 완전히 방전되어 있어야 하는 성질이다.

또 다른 특징으로는 리튬 이온 배터리는 관리가 쉽다는 것입니다. **기억효과**(Memory effect)가 없어 완전히 방전되어도, 어느 정도 충전이 되어 있어도 충전이 잘 됩니다. 마지막으로 자가 방전에 의한 전력 손실이 매우 적어요. 리튬 이온 배터리의 자가 방전율은 5%로 니켈기반 배터리의 1/4 정도에 불과합니다.

하지만 이처럼 장점만 있는 게 아니라 단점도 여러 가지가 있습니다. 리튬 이온 배터리는 제조된 직후부터 열화(Degrading)가 시작돼요. 이 말은 사용하든지 사용하지 않든지 관계없이 시간의 흐름에 따라 노후화가 된다는 것입니다. 대개 리튬 배터리의 수명은 2~3년 정도입니다.

그리고 리튬 이온 배터리는 온도에도 민감합니다. 온도가 높을수록 노후화도 빨리 진행됩니다. 0℃에서는 연간 약 6%, 25℃에서는 약 20%, 40℃에서는 약 35%의 수명이 감소됩니다. 리튬 이온 배터리를 잘못 취급해 너무 고온이나 장시간 햇볕이 쬐는 곳에 두면 폭발할 위험도 있습니다.

③ 마이크로그리드와 인공지능의 만남

마이크로그리드(Microgrid)는 발전소에서 생산된 전기를 소비자에게 전달하는 한 방향 시스템의 기존 전력시스템과 달리, 독립된 분산 전원을 중심으로 국소적인 전력 공급 및 저장 시스템을 갖추어 개인이 전력을 생산해 저장하거나 소비할 수 있는 형태를 말해요. 즉, 여러 개의 분산형 전원을 이용해 독립적으로 전기·열과 같은 에너지의 자급자족이 일어날 수 있을 뿐만 아니라 필요에 따라 기존 전력시스템과 연계할 수 있는 에너지 네트워크라고 생각하면 됩니다.

전력망에 발전량 조절을 위한 기술이 접목되었다는 점에서 스마트그리드와 유사한 점이 있습니다. 하지만 발전소와 전력 소비자의 거리가 가깝고 적용 규모가 작아 송전 설비가 따로 필요하지 않다는 점에서 차이가 있어요. 그리고 전력

출처 : 한국에너지정보문화재단

네트워크의 구성 범위가 작아 태양열이나 풍력 등의 신재생발전원의 전력 품질 및 공급의 안정성 확보가 매우 중요해요. 따라서 앞에서 이야기한 에너지 저장 시스템(Energy Storage System, ESS)을 사용하고 있습니다.

출처 : 한국에너지정보문화재단

④ 블록체인과 사물인터넷(IoT)

개인 간 에너지 거래가 일어나는 구조는 쉽게 말해 온라인 장터와 비슷하다고 생각하면 됩니다. 우선 낮에 각 가정에서 태양광 패널을 통해 에너지를 모으고, 이렇게 모은 에너지를 이용해 개인들은 파워레저 플랫폼에서 직접 판매 또는 구매 가격을 설정할 수 있어요. 모은 에너지양과 가격 설정 모두 블록체인에 기록되고, 소비자이자 생산자인 개인이 각자 팔려는 가격과 사려는 가격을 설정해두면 30분마다 시스템이 자동적으로 업데이트를 거쳐 거래가 이뤄지게 됩니다. 가격이 맞아 거래가 체결되면 생산된 태양광 에너지가 소비자인 이웃의 집으로 옮겨가는 시스템이에요. 전력망은 기존 전력회사의 전력망을 이용하면 됩니다.

출처 : 한국에너지정보문화재단

⑤ 그리드 패리티 도달로 확인된 경제성

그리드 패리티는 석유·석탄 따위를 쓰는 화력발전과 태양·바람 등을 이용하는 신재생에너지 발전 원가가 같아지는 시점으로, 기술 개발 진척이 더뎌 비용 부담이 컸던 신재생에너지 발전이 경제성을 갖추는 시점입니다. 특히, 2012년 10월 태양광 발전소 설치비용이 1W당 1달러로 떨어졌죠. 수년째 설비 시공비용을 포함한 모든 가격이 3~4달러대였는데 1달러 밑으로 내려간 것입니다.

이제는 태양광 발전소를 짓는 비용이 기존의 30% 수준에 불과해 한국도 태양광 발전 효율을 높여 그리드 패리티를 곧 실현할 수 있을 전망입니다.

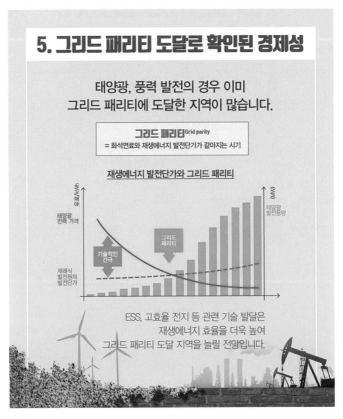

출처 : 한국에너지정보문화재단

04

풍력발전에 대해 알아보자

매년 국가재난 수준의 폭염과 강추위가 이어지고 있으며, 미세먼지는 우리의 건강을 위협하는 이때, 에너지는 우리의 생존문제가 되었습니다. 이에 따른 석탄·화력발전 축소를 통한 탄소배출량 저감을 위해 새로운 국가정책인 '재생에너지 3020 이행계획'을 수립했습니다. 특히, 2018년 10월 개최된 IPCC에서는 지구온난화 방지를 위해 이산화탄소 감축 결의를 했어요. 따라서 풍력발전은 인류의 생존을 위해 꼭 필요한 에너지입니다.

IPCC : 기후변화에 관한 정부 간 협의체를 말한다.

① 풍력발전은 오염물질을 배출하지 않나요?

풍력발전의 장점은 발전소 운영 중에 오염물질을 전혀 배출하지 않는다는 것입니다. 또한 발전소 건설 시 이미 조성된 임도 등을 최대한 활용, 산림 등의 훼손을 최소화해 환경보호와 인간의 공존에 가장 최적화된 발전소라고 할 수 있지요.

임도 : 임산물의 운반 및 산림의 경영 관리상 필요해 설치한 도로로 국유림 임도시설사업으로 분류하고 실시요령에서 차도(1급·2급)·우마차도·목마도 등으로 구분하고 있다.

하지만 공사기간인 1~2년간 풍력발전기를 수송하는 대형차량 통행으로 소음·먼지 등은 발생할 수 있으므로 이에 대한 대비를 철저히 해 공사에 따른 환경영향을 최소화하고 있습니다.

출처 : 임도 활용 풍력발전_효성중공업

② 풍력발전으로 인해 주위에 피해가 생기지는 않나요?

많은 사람이 풍력발전소의 소음이나 저주파가 벌과 같은 곤충류에 영향을 주지 않을까 우려가 많은데, 아직까지 전 세계적으로 그런 사례는 없답니다. 국내의 경우, 전남 영암풍력발전단지 및 제주도 가시리의 풍력발전기 바로 옆에서 양봉을 하는 사례도 있습니다.

전남 영암풍력발전 인근 양봉장
(풍력발전기 50m 이내, 2017년 6월 촬영)

제주 가시리풍력발전 인근 모습
(풍력발전기 300m 이내, 2018년 4월 촬영)

출처 : 풍력발전 활용사례_에너지관리공단

☑ 풍력발전의 날개가 돌 때, 소음이 심하지 않을까요?

그렇게 생각할 수도 있는데, 강한 바람이 불 때의 풍력발전 소음은 생활소음 규제기준보다 매우 낮은 수준입니다. 풍력발전은 비행기의 날개처럼 바람의 양력을 이용하는 원리입니다. 강한 바람이 불 때 날개가 바람을 가르는 소리가 발생하는데, 이를 '풍절음'이라고 해요. 풍절음은 현지 풍속에 따라 큰 차이를 보이며, 사람에 따라 반응은 다를 수 있어요.

풍력발전의 풍절음은 약 400m 떨어진 거리에서 40dB 정도로 주거지역의 사업장 및 공장 생활소음규제기준보다도 낮은 수준이며, 가정용 냉장고보다 조용하기 때문에 소음은 걱정할 필요가 없을 것 같아요.

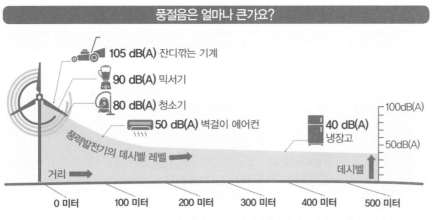

* 자료출처: GE 글로벌 리서치 센터, 미국 의사소통장애 국립연구소(NIDCD)

출처 : 풍력발전 풍절음_에너지관리공단

☑ 풍력발전으로 인해 나오는 저주파음이 인체에 해롭지 않을까요?

저주파음은 어디에나 존재합니다. 나무에 바람이 불 때도, 자동차가 도로를 달릴 때도, 일상생활 중에도 저주파음이 발생하며 이를 초저주파(Infrasound)라고 해요. 최근 환경부에서는 '저주파 소음 관리가이드라인'을 통해 민원 발생 시 저주파음을 측정하고 있습니다. 나아가 풍력 발전시설에서는 저주파 소음을 환경부의 가이드라인보다 엄격히 관리하고 있어요.

☑ **풍력발전이 야간의 항공 장애에 문제가 있지는 않을까요?**

풍력발전기에는 비행 중인 조종사를 위한 장애물의 존재를 알리기 위해 항공법 등 관련 규정에 따라 항공장애 표시등을 설치하도록 하고 있어요. 실제 운영 중인 풍력발전단지에서는 경광등에 차단갓 등을 설치해 항공장애등 하단부의 영향이 전혀 없습니다.

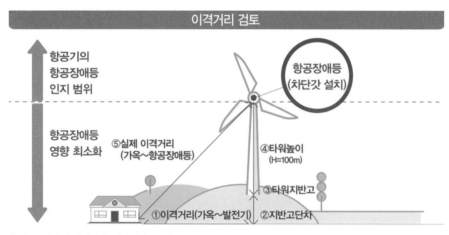

이격거리 검토

출처 : 풍력발전 이격거리_에너지관리공단

또한 야생조류의 경우는 풍력발전기에 가까이 접근 시 비행경로를 변경합니다. 미국의 연구조사에 따르면, 풍력발전기로 인한 야생조류의 치사율은 건물, 송전선, 자동차, 살충제, 송신탑 등으로 인한 치사율보다 훨씬 낮은 것으로 나타

낮습니다. 덴마크 풍력단지(165.6MW) 주변 야생조류의 비행경로를 조사한 결과, 야생조류가 풍력발전기 약 5km 이내로 접근하면 야생조류의 인지능력으로 인해 비행경로를 변경하는 양상을 보였다고 합니다.

③ 풍력발전이 내가 있는 지역에 들어오면 어떤 이익이 있을까요?

지역발전 및 주민복지 증진에 기여할 수 있습니다. 지원금을 받으면 공공·주민복지사업, 장학기금, 지역숙원사업 재원 등으로 사용할 수 있어요. 나아가 인근 관광자원과 연계해 관광자원으로 발전시킬 수 있으며, 이를 통해 지역 방문객 증가에 도움을 줄 수 있습니다.

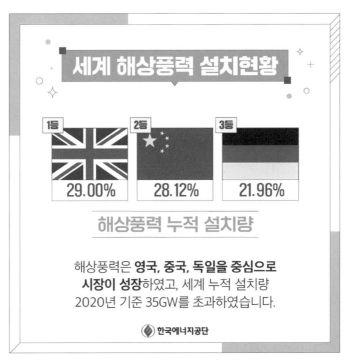

출처 : 세계 해상풍력 설치현황_한국에너지공단

세계 각국의 탄소중립선언으로 인해 재생에너지 중 하나로 꼽히는 풍력개발은 세계적인 트렌드가 되고 있어요. 그중에서도 바닷바람을 이용한 해상풍력발전도 인기를 끌고 있답니다. 영국, 일본 등의 섬나라는 지리적 특성을 이용해 적극 개발에 나서고 있어요. 미국은 2016년 완공된 블록섬 풍력발전단지를 시작으로 해상풍력 확대 의지를 밝혔습니다.

우리나라 또한 2030년까지 12GW 규모를 보급하겠다고 발표했습니다. 해상풍력을 그린뉴딜의 핵심 전략으로 추진하고 있으며, 부유 해상풍력 발전으로 설치기간을 3일로 줄이는 기술을 개발했답니다.

출처 : 국내 해상풍력 설치현황_한국에너지공단

해상풍력 터빈의 하부구조물

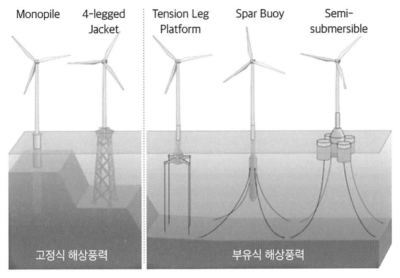

출처 : NREL, 키움증권

　이처럼 각 나라가 바닷바람 개발에 열을 올리는 요즘, 해상풍력 발전단지의 관광자원으로서의 가치에도 관심이 집중되고 있어요. 한편, 날개 길이가 크게는 100m도 넘어가는 거대한 해상풍력발전기로 인해 혹시나 아름다운 자연풍광을 해치지는 않을지 걱정하는 목소리도 있어요. 하지만 독일 해상풍력 에너지재단이 발행한 보고서 〈해상풍력 에너지가 관광업에 미치는 영향〉에 따르면, 해상풍력 발전단지 설립이 관광업계에 끼친 부정적인 영향은 거의 관찰되지 않았어요. 우려와는 반대로 도리어 관광객들을 끌어들이는 경우가 많다고 합니다.

　덴마크의 연안도시 니스테드(Nysted)의 경우에는 배들이 해상풍력 발전단지 안쪽까지 들어올 수 있도록 허용하고 있어서, 발전단지 설립 이후 항구를 방문하는 돛단배의 수가 오히려 늘었다고 해요. 또한 로드 아일랜드 주립대학교의 연구 결과에 따르면, 미국 최초의 해상풍력 발전단지인 블록섬 풍력발전단지는 준공 이후 주변 숙박시설의 여름 시즌 야간 예약 건수가 크게 증가하면서 지역 관광 수입에도 도움이 된다고 합니다.

　우리나라에서 현재 추진 중인 해상풍력 프로젝트들 또한 지역 관광업과 적극적인 연계를 하고 있답니다. 국내 최초의 상업용 해상풍력단지인 탐라해상풍력단지의 경우에는 발전 수익의 일부를 지역 발전기금에 환원하고 있지요. 이 발전기금을 통해 조성된 리조트와 체험마을을 방문하는 관광객이 늘면서 주변 상권이 활성화되고, 주민들의 소득 증대에도 도움이 되고 있답니다.

출처 : 제주 탐라해상풍력 발전단지_제주남동발전

　풍력발전단지 조성 시에는 정부지원금 등으로 인근 지역주민과 토지주들에게 발전사업의 이익을 공유하고 있어 주변 지역의 경제 활성화에 기여하게 됩니다. 실제로 현재 운영 중인 풍력발전단지 인근지역은 이러한 경제효과가 반영되어 공시지가가 큰 폭으로 상승하기도 했습니다.

또한 해상풍력이 어족자원에 영향을 주지 않는다는 덴마크 연구 결과에 따르면 해상풍력으로 인한 생태계 변화는 거의 없었으며, 우리나라 제주도 풍력단지에 조성한 바다목장 역시 어류에 부정적인 영향을 미치는 사례는 나타나지 않았어요. 더불어 정부는 해상풍력 개발 초기 단계부터 철저한 환경평가를 통해 난개발 방지와 지역주민에게 피해가 없도록 추진하고 있답니다.

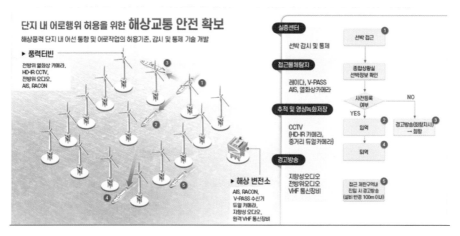

출처 : 한국해상풍력

05

생활 속 배터리 용어에 대해
알아보자

① SoH(State of Health)

배터리에도 사용 가능한 수명이 있는데, 배터리의 잔존 수명이자 현재 성능 상태를 알 수 있는 지표가 'SoH'입니다. 이미지상에서 '성능 최대치 100%'인 것은 SoH가 100%라는 의미입니다.

배터리의 수명은 사용자 습관 및 외부환경에 영향을 많이 받기 때문에 정해진 수명보다 적어질 수도, 많아질 수도 있어요. 즉, 동일한 기간을 사용한 배터리라고 하더라도 SoH가 달라질 수 있다는 것을 알 수 있어요. 특히, 전기차 배터리는 잘 관리하면 SoH 감소가 거의 없이 제조사 보증기간의 2~3배 이상 운행할 수 있답니다.

② SoC(State of Charge)

배터리의 잔존용량을 나타낸 지표로, 현재 사용할 수 있는 배터리의 용량을 전체 용량으로 나누어 백분율(%)로 표현한 것입니다.

SoC는 우리가 항상 확인하는 배터리의 충전 상태를 말해요. 배터리가 몇 % 남아있는지 보여주는 표시라고 보면 됩니다. 이 SoC를 측정하는 방법에는 화학측정법, 전압측정법, 전류적분법, 압력측정법 이렇게 총 4가지가 있습니다.

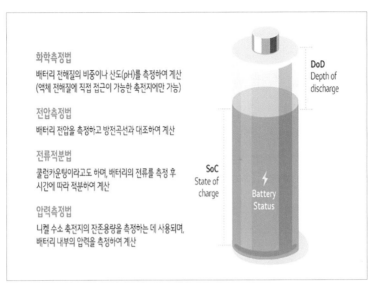

화학측정법
배터리 전해질의 비중이나 산도(pH)를 측정하여 계산
(액체 전해질에 직접 접근이 가능한 축전지에만 가능)

전압측정법
배터리 전압을 측정하고 방전곡선과 대조하여 계산

전류적분법
쿨럼카운팅이라고도 하며, 배터리의 전류를 측정 후
시간에 따라 적분하여 계산

압력측정법
니켈 수소 축전지의 잔존용량을 측정하는 데 사용되며,
배터리 내부의 압력을 측정하여 계산

DoD
Depth of
discharge

SoC
State of
charge

Battery
Status

출처 : LG에너지솔루션

이렇게 다양한 측정법이 있을 정도로, SoC를 정확하게 측정하는 것은 배터리 제조기업의 핵심 경쟁력입니다.

☑ SoC는 왜 중요할까요?

제조사들은 SoC를 통해 배터리의 안전성을 강화할 수 있습니다. 배터리의 최대 충전량을 SoC 최고점보다 낮게, 배터리 최소 충전량을 SoC 최저점보다 높게 설정하면, 과충전이나 과방전에 의한 문제를 방지할 수 있어요. 따라서 배터리 폭발사고 없이 안전하게 배터리를 사용할 수 있습니다.

사용자는 SoC 측정값을 통해 앞으로 사용 가능한 시간을 예측하고, 배터리의 충전시점과 종료시점을 판단할 수 있어요. 우리에게 익숙한 전기차, 휴대폰, 노트북 배터리의 잔량(%)표기에는 더 정확한 SoC 측정값이 필요하겠죠. 그래서 더 정확한 SoC값을 얻기 위해 많은 사람들이 연구하고 있답니다.

③ C-rate(Current rate)

배터리를 충전, 방전시키는 속도를 나타낸 값입니다. C-rate(충·방전율)은 배터리의 충·방전 속도를 나타내며, 단위 'C'로 나타냅니다. C-rate 값은 아래 공식을 통해 구할 수 있습니다.

$$C\text{-rate(C)} = \frac{충 \cdot 방전(A)}{배터리의 \ 정격 \ 용량 \ 값(Ah)}$$

(배터리 용량, 1시간에 사용할 수 있는 전류량)

☑ C-rate는 배터리 사용에 있어서 어떤 의미를 가질까요?

드론 배터리의 방전 C-rate 값이 100C라면, 이것은 자기 용량의 100배까지 전류를 공급할 수 있다는 것을 말합니다. 대신 100배의 전류 공급이 필요한 동작을 지속하면 배터리 방전 시간을 단 36초라고 계산할 수 있어요.

최근 배터리의 급속충전과 순간적으로 높은 전류를 요구하는 제품들도 점점 많아지고 있어요. 우리가 C-rate의 개념만 알고 있더라도 목적에 맞는 배터리와 전자제품을 고르는 데 많은 도움이 되겠죠.

C-rate 값에 따른
충방전 소요시간 및 가용전류의 세기

	0.1C	0.2C	0.5C	1C	2C	5C	10C	
···	10시간	5시간	2시간	1시간	30분	12분	6분	···
	0.1배	0.2배	0.5배	표준	2배	5배	10배	

※ 예시를 돕기 위한 계산이며, C-rate는 실제 사용 컨디션과 SoH에 따라 달라질 수 있습니다.

우리는 방전 C-rate 값으로 제품 성능의 한계를 예측할 수 있습니다. 예를 들어, 드론을 작동시키는 배터리는 하늘을 날기 위해서 가볍고 작아야 합니다. 드론 배터리의 방전 C-rate 값이 낮다면, 높은 전류를 요구하는 고성능 동작이 불가능할 수 있어요. 방전 C-rate 값이 높다면 방전 속도가 더 빠르고, 순간적으로 높은 전류를 요구하는 고난도 비행이 가능합니다.

④ mAh(milliampere-hour)

1시간 동안 사용할 수 있는 전류량을 말해요. m(밀리)는 1/1000을 뜻하며, 1,000mAh는 **1Ah**(암페어시)와 같아요. mAh는 1시간 동안 사용할 수 있는 전류량의 단위를 말합니다.

> **1Ah** : 1암페어(A)의 전류가 1시간 동안 흘렀을 때의 전기량을 말한다.

☑ 그렇다면, 10,000mAh 용량의 3.7V 전압을 가지고 있는 보조배터리로는 휴대폰을 몇 회 충전이 가능할까요?

충전 가능 용량은 온도, USB의 저항, 휴대폰 기기의 사용 유무 및 전압 크기 등에 따라 다를 수 있지만, 충전하려는 휴대폰의 배터리 용량이 동일한 3.7V 전압의 3,000mAh라면, 약 3회 정도 충전이 가능합니다.

⑤ SEI(Solid Electrolyte Interphase)

배터리 최초 충전 시 음극 표면에 만들어지는 보호막을 말합니다. 보호막은 리튬 이온 전도 특성을 지녀야 하기 때문에 고분자 전해질 혹은 젤형 고분자 전해질을 이용하거나 황화물 및 산화물계 무기물 전해질을 사용하게 됩니다.

고분자 소재 기반 보호막은 리튬 이온 전도성을 가지는 고분자 전해질을 리튬금속 표면에 도입하여 전해액과 리튬금속의 직접적인 접촉을 감소시킴으로써 전해액 분야를 저하시키고, 덴드라이트의 성장을 물리적으로 억제하는 기능을 부여하는 방향으로 연구가 진행되고 있어요.

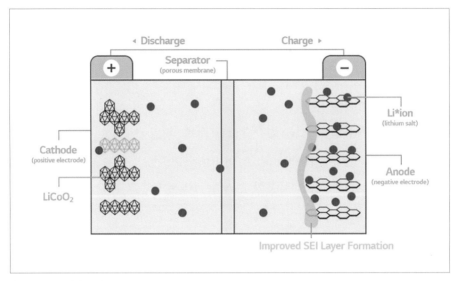

출처 : LG에너지솔루션

☑ SEI는 어떤 역할을 하나요?

리튬 이온 배터리에서 리튬 이온과 전자가 양극에서 음극으로 이동하면서 충전이 됩니다. 충전을 하게 되면 전자는 외부 회로로, 리튬 이온은 전해질로, 서로 다른 통로를 통해 음극으로 이동합니다. 여기서 SEI는 리튬 이온이 이동하는 길인 전해질의 추가 분해반응을 방지하고, 리튬 이온의 이동만 가능하게 하는 역할을 합니다. 사실상 리튬 이온이 이동하는 길인 전해질을 지키며, 배터리 내 또 다른 분리막 역할을 해요. 결국 배터리 수명과 성능에 우수한 영향을 끼치게 됩니다.

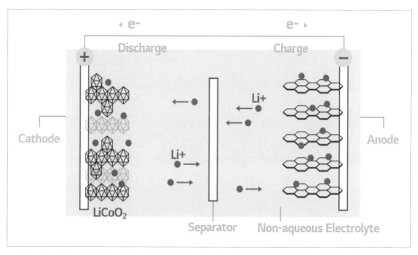

출처 : LG에너지솔루션

⑥ BMS(Battery Management System)

배터리의 상태를 모니터링해서 최적의 조건에서 배터리를 유지하고 사용할 수 있도록 제어하는 시스템입니다. BMS의 주요기능은 우선 배터리 시스템 내 센서를 통해 측정된 전압, 전류, 온도 등을 모니터링해요. 이것을 체크하여 SoC(충전상태), SoH(수명)를 알 수 있어요. 또한 배터리 셀 간의 편차를 줄이는 셀 밸런싱을 합니다. 마지막으로 배터리에 과충전, 과방전, 과전류가 발생하지 않게 제어해요. 이런 기능을 수행할 수 있도록 도와주어 배터리를 최적의 상태로 유지하고 수명은 더 늘려줍니다.

배터리는 가장 작은 기본 단위인 셀(Cell)과 셀들을 일정한 개수로 묶은 모듈(Module), 여러 모듈로 이루어진 출하되는 최종적인 상태인 팩(Pack)으로 구성되어 있어요. BMS는 각 셀의 전류와 전압을 조화롭게 맞춰주어 최적의 배터리 효율을 발휘하도록 관리하는 시스템입니다.

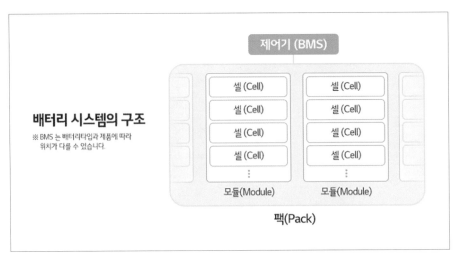

출처 : LG에너지솔루션

⑦ 삼원계 배터리

양극재에 리튬 코발트 산화물(LCO)을 기본으로 니켈과 다른 금속 원소를 추가합니다. 이때 총 세 가지 금속 원소가 들어간 배터리를 삼원계 배터리라고 해요.

대표적인 삼원계 배터리로는 NCM, NCA가 있습니다. 삼원계 배터리를 이해하려면, 먼저 양극재에 쓰이는 금속 원소의 특성을 알아야 해요. 니켈(Ni)은 에너지 밀도에, 코발트(Co)와 망간(Mn)은 안전성에, 알루미늄은 출력에 중요한 역할을 합니다.

이처럼 양극재에 들어가는 원소들은 각기 다른 특성을 지니고 있는데, 양극재를 어떤 원소로, 어떻게 조합하느냐에 따라 배터리의 성능이 달라집니다.

NCM은 리튬코발트산화물(LCO)을 기본으로 니켈(Ni), 망간(Mn)이 결합되어 있습니다. 니켈, 코발트, 망간이 1:1:1 비율로 균일하게 구성되어 있어 현재 가장 많이 사용되고 있으며, 주로 전기차 양극재로 쓰입니다. 최근 높아진 원자재 가격 변동에 대응할 수 있도록 에너지 밀도를 높이는 니켈의 함량을 더 늘리고, 가격이 비싼 코발트 함량은 줄인 'NCM 712', 'NCM 811' 등이 개발되었어요. 만약 이때 니켈 비율이 60% 가 넘으면 '하이니켈'이라 부릅니다.

NCM 712 : 니켈 70%, 크롬 10%, 망간 20% 함량을 말한다.

NCA 역시 리튬코발트산화물인 LCO에 니켈(Ni), 코발트(Co), 알루미늄(Al)이 결합된 양극재입니다. 이 양극재의 니켈, 코발트, 알루미늄의 구성 비율은 8:1:1 을 가지고 있어요. 기본적으로 니켈 함량이 높고 알루미늄이 포함되어 있어 다른 양극 소재에 비해 에너지 밀도와 출력이 높습니다. 이러한 이유로 NCA는 원통형 배터리 등의 소형 배터리에 주로 쓰입니다.

배터리에서 양극재는 배터리 성능과 용량에 많은 영향을 끼치기 때문에 배터리 제조사들은 양극재 개발에 큰 비중을 두고 있습니다. 현재 삼원계 배터리들의 장점만을 결합한 사원계 배터리도 나왔습니다.

⑧ 사원계 배터리

니켈 함량이 높은 삼원계 배터리에 금속 원소 하나를 더한 배터리를 말합니다.

니켈(하이니켈)을 통해선 배터리의 용량을, 망간은 안정성을, 알루미늄으로 배터리 출력과 안정성을 높일 수 있어요. 코발트 함량이 줄어든 만큼 제조원가를 낮출 수 있습니다. 그리고 원형, 각형, 파우치형 등 배터리 형태의 구분 없이 적용이 가능하다는 것이 장점이랍니다. 이런 장점 덕분에 삼원계 배터리를 더 발전시킨 '사원계 배터리'도 많은 관심을 받고 있어요.

출처 : LG에너지솔루션

⑨ CC(Constant Current), CV(Constant Voltage) 충전

일정한 전류 또는 전압을 유지해 충전하는 방법입니다. 충전 방법은 CC-CV(정전류/정전압)방식, 방전 방법은 CC(정전류) 방식입니다. 여기서 말하는 CC-CV 방식은 무엇을 말하는 걸까요?

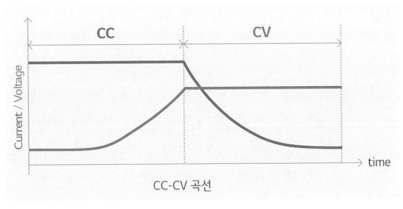

CC-CV 곡선

출처 : https://gammabeta.tistory.com/2044

CC-CV 방식의 충전이란, 충전할 때 전류와 전압의 조건을 말해요. CC(Constant Current)는 일정한 전류를 계속 흘려보내는 모드를 말합니다. 지정한 A(암페어)로 충전이 가능합니다. CV(Constant Voltage)는 일정한 전압을 유지하는 모드로 지정한 V(볼트)로 충전합니다.

방전은 CC방식으로 이뤄집니다. 충전 시와 마찬가지로 전류를 일정하게 유지함으로써 과전류를 방지하고 일정한 출력을 냅니다. 그리고 전압이 일정 수준으로까지 낮아지면, 방전이 완료됩니다.

⑩ PCM(Protection Circuit Module)

배터리의 과방전·과충전·과전류 방지 기능을 갖춘 배터리 보호회로 장치를 말해요. 전자제품을 사용하다 보면 예기치 못한 상황에서 배터리가 위험에 노출되는 경우가 많아요. 배터리 과충전의 경우는 과열로 인한 화재 또는 폭발 위험이 있으며, 과방전되거나 과전류가 흐르게 되면 성능이 저하되거나 사용하지 못할 수도 있어요. PCM은 이런 과충전, 과방전, 과전류 등의 위험 요인을 사전에 차단하여 배터리를 보호하는 기능을 수행합니다.

그렇다면 앞서 이야기한 'BMS'와는 어떤 차이가 있을까요?
PCM과 BMS 둘 다 배터리 내부를 제어하고 보호하는 장치지만, BMS는 PCM의 기본적인 보호 기능 외에도 모니터링이나 셀 밸런싱 등 배터리 관리에 필요한 다른 많은 기능을 수행하는 데 차이가 있어요. BMS가 배터리의 큰 축이라고 한다면, PCM은 배터리의 기능을 돕는 역할이라고 보면 됩니다.

⑪ DoD(Depth of Discharge)

배터리가 완전 충전 상태로부터 방전된 수준을 말해요. SoC(State of Charge)는 배터리의 충전 상태이며, DoD(Depth of Discharge)는 배터리의 방전상태, 즉 우리가 배터리를 몇 % 방전했는지를 나타냅니다. 가령 우리가 DoD가 100%에 달하면, 그 배터리가 사용할 수 있는 용량은 SoC 0%이며, DoD가 20%가 되면 잔존 용량은 80%입니다.

'DoD'와 'SoC'는 의미상 서로 반대되는 개념이지만 배터리의 상태를 알려준다는 점에선 그 역할이 같다고 할 수 있어요.

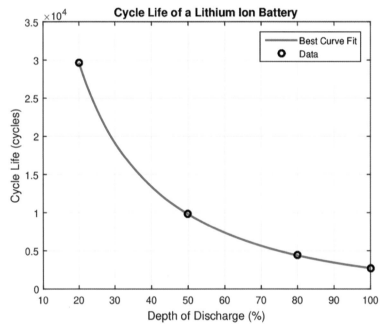

Depth of discharge versus cycle life of the lithium-ion battery.

출처 : 배터리 방전심도_아메니의 기록들

폭발의 위험성이
적은 SMR

01

SMR 소형원전의
무궁무진한 활용 분야

탄소중립 : 이산화탄소를 배출한 만큼 이산화탄소를 흡수하는 대책을 세워 이산화탄소의 실질적인 배출량을 '0'으로 만든다는 개념이다.

SMR(Small Modular Reactors) : 기존 대용량 발전 원자로에 대비되는 개념으로, 전기 출력 300MWe 이하의 소형 원자로를 말한다.

2016년 파리협정 이후 121개 국가가 '2050 탄소중립 목표 기후 동맹'에 가입하면서 세계 각국에서 탄소 제로를 선언했습니다. 이후 석탄이나 석유로 생산하는 에너지는 줄이고, 탄소배출을 하지 않는 원전 활용에 대한 논의가 활발히 이루어지고 있습니다. 특히, 기존 원전보다 안전성이 높고 건설비용이 줄어든 차세대 소형원자로(SMR)의 가능성이 대두되고 있답니다.

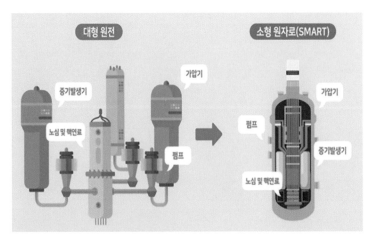

출처 : 일체화된 SMR_한국원자력연구원

소형모듈원전은 기존 원전과 비교해 보면 안정성, 활용성, 경제성의 세 가지 장점이 있습니다. 우선 SMR은 주요 기계들이 하나의 용기 안에 배치된 일체형으로 계통 연결부 사이에 발생할 수 있는 약점을 보완할 수 있습니다. 특히, 방사능 유출 시 사고 수습이 용이하고, 비상계획 구역을 축소할 수 있다는 장점도 가지고 있어요. 기존의 대형 원자로의 경우에는 증기발생기, 냉각재 펌프, 가압기 등 주요 기기를 배관을 통해 연결하는 원리로, 연결부 사이에서 위험성이 노출되었습니다. 예를 들어 일본의 후쿠시마 원전도 쓰나미로 인해 냉각 펌프가 고장나서 원자로를 효과적으로 제어하지 못하게 되자, 가득 찬 수소가 폭발해 방사능이 누출하게 된 것입니다.

또한 기존 대형 원전은 전력생산을 주요 기능으로 하였으나, SMR은 산업공정 열 공급, 수소 생산, 지역난방, 담수 활용 등 그 활용성이 매우 넓습니다. 소규모 송전 설비 운영이 가능해 분산형 전원이 가능하다는 특징이 있어 태양광, 풍력 등 재생에너지와 연계 가능하기 때문에 활용도가

분산형 전원 : 지역 간 혹은 지역 내 송전망 배전 시설의 간편화와 효율성을 높이기 위해 태양광이나 풍력과 같은 신재생에너지 자원을 이용한 소규모 발전 설비를 말한다.

SUMMARY

개념	❖ 발전용량이 300MW 안팎(대형원전 1,000~1,500MW의 1/3~1/5)으로 작고(Small) 공장에서 부품을 생산해 현장에서 조립(Modular)하여 건설하는 원전(Reactor)				

특징	안전성		경제성		유연성
	• 외부 전력공급 없이 안전기능 자동 수행 • 폭발, 방사능 유출과 같은 중대사고 가능성 제로(0)		• 공장 대량생산으로 원가 절감 • 그린수소, 열 생산 등으로 다목적 활용 가능		• 수요지 인근 건설 가능 • 유연한 출력으로 재생에너지의 불안정한 출력 보완 가능

주요국 현황		미국	러시아	중국	영국	한국
	개발 모델 수	17개	17개	8개	2개	2개
	상용화	2개 모델 건설 계획 확정	세계 최초 부유식 SMR 상용화(20.5)	실증발전소 건설 허가(21.6)	2035년까지 10기 건설 목표 수립	구체적 상용화 계획 미정

한국의 과제	❖ 에너지전환정책 이후 약화된 원전산업생태계 복원 필요 ❖ SMR에 적합한 인허가 체계 수립·정책지원 강화, 구체적인 상용화 계획 수립 추진 필요

출처 : 소형모듈원전의 특징과 장단점_전국경제인연합회

훨씬 좋습니다.

SMR의 마지막 장점은 경제성, 즉 초기투자비용이 상대적으로 상당히 저렴하다는 것이에요. 건설비용이 1~3조 원에 불과해 대형 원전(5~10조 원)보다 3~5배 정도 저렴해요. 또한 기존 대형 원전은 완공까지 4~5년이 소요되는 데 비해, SMR은 완공까지 2년이면 충분하기 때문에 효율성 또한 매우 높습니다.

SMR은 친환경성과 안정성을 갖춰 수소경제 시대의 게임체인저로 불리고 있어요. SMR을 고온수전해(SOEC)와 연결해 안정적으로 그린수소를 생산할 수 있습니다. '수소경제의 화폐'인 그린수소를 생산하는 기술은 크게 알카라인 수전해, PEM 수전해, SOEC로 나뉘는데 상온에서 작동하는 알카라인·PEM 수전해는 태양광과 풍력 등 재생에너지와 연결합니다. 태양광 풍력 등의 재생에너지는 들쭉날쭉한 전기공급 때문에 시스템 안전성을 갖추기가 어렵고 대형화도 곤란하기 때문이지요. SOEC는 대형화가 가능하고 안정적으로 그린수소를 생산할 수 있는 이점이 있으며, 에너지 효율도 90% 이상으로 알카라인·PEM(80% 이하)보다 더 높아요.

02

SMR 패러다임의 변화

1979년 미국 스리마일섬 원전사고, 1986년 체르노빌 원전 사고와 2011년 후쿠시마 원전 사고를 계기로 원전의 안전성에 대한 우려가 제기되었습니다. 우리나라의 경우도 2016년 경주에서 5.8 규모의 지진이 발생하면서 원전의 안전성에 대한 걱정도 많아졌지요. 이때부터 다양한 곳에서 에너지 전환에 대한 일환으로 2017년에 정부는 재생에너지의 비중을 2030년까지 20%로 확대하겠다는 「재생에너지 3020 이행계획」을 발표했습니다. 우리나라뿐만 아니라 전 세계가 신재생에너지의 보급·확대에 주력하고 있습니다.

하지만 태양광이나 풍력과 같은 신재생에너지는 환경의 영향을 많이 받기 때문에 발전량이 일정하지 않아 원자력에 다시 관심을 갖기 시작했습니다. 여기에는 지구온난화 문제도 한몫했습니다. 원자력의 경우 전력공급은 물론, 탄소 배출이 없기 때문이지요.

우리나라를 비롯한 원자력 기술 보유국들은 소형모듈원전(SMR) 개발에 집중하고 있습니다. 마이크로소프트 창업자인 빌 게이츠와 워런 버핏 버크셔해서웨이 회장이 폐쇄 석탄공장 용지에 소형 원자력발전소를 건설하겠다고 나서는 등 SMR(소형모듈원전)이 전 세계적으로 관심을 끌면서 침체됐던 원자력발전산업이 새롭게 도약하게 되었어요.

빌 게이츠가 설립한 원전 '스타트업 테라파워'는 버핏 회장 소유의 전력회사

소듐냉각고속로 : 고속 중성자를 이용해 핵분열을 한 후 원자로에서 발생하는 열을 기존 원전들처럼 물이 아닌 액체 나트륨으로 식히는 방식을 말한다.

퍼시피코프와 함께 건설할 계획인 SMR입니다. 이 소형모듈원전은 '소듐냉각고속로(SFR)' 방식이에요. 국내의 경우는 1997년부터 SFR을 연구해 지난해 개발이 사실상 완료된 상태이지만, 한국의 SFR은 전기 생산용이 아니라 사용 후 핵연료를 태우는 용도로 설계되어 있기 때문에, 이를 전력 생산용으로 바꾸는 연구를 진행하고 있습니다.

출처 : 테라파워 나트륨 소형원전 조감도_테라파워

SMR은 전 세계가 공동으로 추구하는 목표인 '2050 탄소중립'의 해결사로 거론되고 있어요. 원자력은 탄소를 전혀 활용하지 않는 에너지원으로 이산화탄소 등 탄소를 배출하지 않기 때문입니다.

외연 : 일정한 개념이 적용되는 사물의 전 범위를 말한다. 어떤 개념이 적용되는 대상 전체를 나타내는 것으로 기존 개념에서 넓은 범위로 활용된다는 것을 뜻한다.

기존 전력시장에서 탄소기반 에너지를 대체할 뿐만 아니라 산업단지의 공정상 열 공급 및 수소생산 등 핵에너지의 외연을 확장했습니다. 핵 추진 기술에도 적용되면 해양 교통과 물류 운송에서도 탄소배출 저감에 도움이 될 수 있어요. 즉, 소형모듈원전(SMR) 기술은 전 세계적으로 탄소중립으로 인한 전력 공급의 불안정성과 경제성 문제를 모두 해결할 수 있습니다.

우리나라의 경우에는 1990년대 말부터 기존 대형 원전 대비 출력이 1/10 이하인 SMART라는 소형 원자로를 개발했으며, 2012년에 표준설계인가를 받았습니다. SMART의 경우는 **해수담수화** 기능을 보유하고 있고, 사우디아라비아와 공동개발을 진행하고 있어요.

해수담수화 : 바닷물의 염분을 제거해 민물로 만드는 것.

하지만 최근 미국의 뉴스케일과 같은 안전기술과 운전 기술이 적용된 SMR이 개발되었기 때문에 이제는 해외시장에서 경쟁력을 유지할 수 있는 SMR의 기술이 필요해졌어요. 따라서 2021년 원자력 분야 산·학·연이 협력해 '혁신형 SMR' 개발에 착수했어요. 기존과는 다른 제작 기술, **무붕산 원자로**, 자율운전기술, 피동 무한냉각기술, 재생에너지 연계 기술, 해양발전 기술 등이 포함되어 있습니다.

무붕산 원자로 : 붕산을 사용하지 않는 원자로로 액체 폐기물을 현저하게 줄일 수 있는 방법이다.

주요국 SMR 현황	
정책·투자	바이든 행정부의 '원자력전략비전(21.1)'에 따라 차세대 원자로 기술과 SMR 개발에 7년 간 32억 달러(약 3.6조원) 투자 확정
기술개발	민간–정부 협력을 통해 17개 SMR 모델 개발 중
실증·상용화	뉴스케일 SMR 설계인증 획득 및 건설계획 확정, 빌게이츠가 창업한 테라파워는 와이오밍 주 석탄화력발전소 부지에 SMR 건설 발표

뉴스케일 SMR 조감

* 출처 : 미국 에너지부, NuScale

테라파워 SMR 주요 특징

구분	내용	특징
원자로형	소듐냉각 고속로	원전폐기물 2/3 감소 기존 원전 대비 효율 4배
발전용량	345MW	25만 가구 전력공급
건설지	와이오밍 주	석탄화력발전소 부지
건설비	약 10억 달러	대형원전 대비 1/3 수준

* 출처 : TerraPower

출처 : 주요국 SMR현황_Global Insight

☑ 탄소중립에 대해서도 알아볼까요?

　태풍, 대규모 산불 등 전 세계적으로 기후변화로 인한 자연재해가 심화되고 있습니다. 이는 이산화탄소 배출량이 지속적으로 증가함에 따른 결과라고 예측 됩니다. 특히, 코로나19 발생 이후 중국의 공장 가동이 멈춰 대기가 깨끗해지고 미세먼지 등도 같이 줄어들고 있는 것을 보며, 탄소중립의 필요성에 높은 관심 을 가지게 되었습니다.

　탄소중립을 통한 지속가능한 경제사회로의 전환은 시대적·세계적 흐름이 되 었어요. 탄소중립과 경제성장, 국민 삶의 질 향상을 동시에 달성하기 위해 적응 적 감축에서 능동적 대응으로 패러다임이 변화하고 있습니다. 그 과정에서 전기 차 배터리, ESS(시장 점유율 1위), 수소연료전지 발전량(전 세계 40%) 등 세계 수준 으로 연구 개발하여 탄소중립을 추진하고 있습니다.

출처 : 2050 탄소중립 추진전략_기획재정부

출처 : 2050 탄소중립 추진전략_기획재정부

출처 : 2050 탄소중립 추진전략_기획재정부

03

SMR 개발의 필요성

① 기존의 원전이 가진 문제를 해결할 수 있어요.

　기존 원전의 경우에는 11조에 가까운 투자비가 있어야 했습니다. 하지만 SMR은 건설단가가 $4,000/kW 이하로 기존 원전 대비 건설비용을 크게 절감할 수 있답니다. 그리고 안전성 강화나 부지가 많이 필요하지 않기 때문에 효율적이며, 소도시에 적용하기도 좋습니다. 만약 사고가 나더라도 주민들의 피해도 적어요. 또한 폐기물 저감효과와 제어봉 이탈 사고를 방지할 수 있어요.

　이처럼 SMR의 경우는 기존 원전에서 생겼던 위험성들이 많이 줄어들었다고 볼 수 있습니다.

출처 : 원자력 건설 투자비 추이_E2NEWS

② 기후위기의 이슈인 2050 탄소중립을 달성할 수 있어요.

노후화된 화력발전을 대체할 수 있는 SMR의 연구를 통해 2050 탄소중립에 기여할 수 있습니다. 또한 신재생에너지 발전과 연계해 시너지 효과도 기대할 수 있어요. 수소 생산이나 지역 난방으로도 활용이 가능해 탄소중립 가속화에 한 발 더 나아갈 수 있습니다.

국제에너지기구(IEA)도 원전의 운영 허가기간 연장을 할 때, 가장 경제적이고 효율적인 저탄소 전원으로 인정하고 있어요. 주요국들도 적극적으로 원전 수명 연장에 나서고 있습니다. 미국은 이미 원전 6기의 수명을 80년까지 연장한데 이어 추가로 4기의 80년 수명 연장을 검토 중에 있습니다.

2011년 후쿠시마 원전 사고를 겪고 여전히 그 후유증을 앓고 있는 일본도 기존 원전의 60년 이상 가동을 검토 중입니다. 유럽연합(EU)은 원자력 발전과 천연가스에 대한 투자를 지속가능한 경제활동으로 분류하는 '그린 택소노미' 초안을 공개했습니다.

> **그린 택소노미** : 녹색 분류체계로 기후변화 완화(온실가스 감축), 기후변화 적응, 생물다양성과 생태계 보전 및 복원, 환경오염 방지 및 관리 등과 같은 환경목표 가운데 하나 이상의 달성에 기여하면서, 그 과정에서 다른 환경 목표에 중대한 피해를 주지 않을 것 (DNSH, Do No Significant Harm)을 말한다.

우리나라는 문재인 정부가 탈원전을 고수하고 있지만, 탄소중립을 위해 원자력 발전 비중을 10%에서 40%로 늘리고, 그만큼 태양광·풍력 비중을 줄이면 필요한 비용을 약 600조 원을 줄일 수 있다는 '탄소중립 새로운 에너지 정책 방향' 연구 결과가 나왔습니다. 2030년 온실가스 배출량을 2018년 대비 35% 이상 감축한다는 국가 온실가스 감축 목표(NDC)를 달성하려면 중단기적으로 원전 운영허가 기간을 연장할 필요가 있습니다.

> **NDC** : 각 회원국이 온실가스 배출에 대한 책임과 역량을 고려해 자발적으로 얼마만큼의 온실가스 배출을 줄일 것인지를 유엔기후변화협약에 공식적으로 제출하는 계획이다.

'탄소중립 새로운 에너지 정책 방향' 보고서에 따르면, 정부는 2030 국가 온실가스 감축 목표(NDC)를 통해 재생에너지 비중을 30.2%까지 끌어올릴 계획이며, 재생에너지 비중을 30% 넘게 높이려면 약 106기가와트(GW)의 태양광 및 풍력 설비가 필요해요. 이는 2030년까지 재생에너지 발전 비중을 20%까지 달성한다는 '재생에너지 2030' 추진에 필요한 태양광 설비 34GW와 풍력 설비 24GW의 2배 수준으로 끌어올려야 하기에 SMR을 도입하는 것이 좋은 대안이 될 수 있습니다.

③ 한국 원전 수출 포트폴리오가 확대될 수 있어요.

혁신형 SMR을 통해 수요 전력량에 대응한 다양한 수출 포트폴리오를 구성하거나 다양한 시장 니즈를 세부적으로 공략해 에너지 강국으로 자리매김할 수 있어요. 또한 해수담수화, 수소 생산, 공정열 등으로 활용이 가능해요. 현재 2030년 목표로 혁신형 SMR 연 1개 호기(4개 모듈) 수출로 연 매출 약 3조 원을 예상하고 있답니다.

현재 개발 중인 71종의 SMR 중 대다수는 아직 개발 초기 단계에 있습니다. 실제로 상용화가 되는 것은 2030년 이후가 될 것으로 예상되고 있어, 현재 우리나라 한국수력원자력(이하 한수원)은 다른 나라보다 이전에 개발된 SFR 기술로 2030년에 SMR 수출시장에 진출할 것으로 예상하고 있어요. 이에 한수원은 600MWe급 화력발전소를 대체할 수 있는 일체형 경수로 SMR 개발을 위해 170MWe급 일체형 4개 모듈을 배치하는 방안을 개발하고 있습니다.

이제는 초소형 원자로를 품은 선박과 원자로를 품은 잠수함까지 개발하려 합니다. 이는 연료 재주입 없이 40년 이상 항해할 수 있으며, 6개월 정도 물속에서 작전을 수행할 수 있는 장점이 있어요.

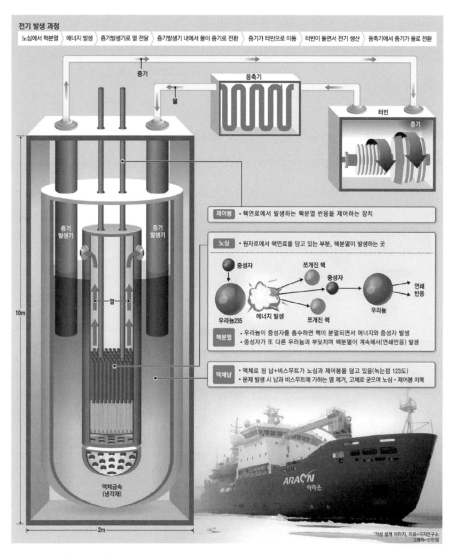

전기 발생 과정

노심에서 핵분열 〉 에너지 발생 〉 증기발생기로 열 전달 〉 증기발생기 내에서 물이 증기로 전환 〉 증기가 터빈으로 이동 〉 터빈이 돌면서 전기 생산 〉 응축기에서 증기가 물로 전환

증기

응축기

물

터빈

증기

제어봉 • 핵연료에서 발생하는 핵분열 반응을 제어하는 장치

노심 • 원자로에서 핵연료를 담고 있는 부분, 핵분열이 발생하는 곳

중성자   쪼개진 핵
                              중성자   연쇄
                                                          반응
우라늄235   에너지 발생   쪼개진 핵   우라늄

핵분열 • 우라늄이 중성자를 흡수하면 핵이 분열되면서 에너지와 중성자 발생
        • 중성자가 또 다른 우라늄과 부딪치며 핵분열이 계속해서(연쇄반응) 발생

액체납 • 액체로 된 납+비스무트가 노심과 제어봉을 덮고 있음(녹는점 123도)
        • 문제 발생 시 납과 비스무트에 가하는 열 제거, 고체로 굳으며 노심·제어봉 차폐

증기
발생기

증기
발생기

10m

열

2m

액체금속
(냉각재)

ARAON
아라온

'가상 설계 이미지, 자료=극지연구소
그래픽=신헌철

출처 : 초소형 원자로 품은 선박엔진_극지연구소, 매일경제

④ 원전으로 새로운 성장 동력을 만들 수 있어요.

원전 산업이 활성화된다면 대규모 기술 개발 및 수출을 위한 원전 관련된 기업들과 동반성장 할 수 있습니다. 또한 우수 인력을 양성해 고용 창출도 가능해요.

세계 최고 수준의 기술력과 원전산업 생태계 유지로 기존 원전의 안정적 운영에 기여할 수 있기 때문에 조만간 K-SMR이라는 단어를 볼 수 있지 않을까요?

출처 : SMR 시장전망_국회포럼

원자력을 이용해 환경오염 없이 해수를 담수화하는 기술도 주목받고 있어요. 해수담수화 기술의 대표적인 방법은 증류법으로 바닷물을 끓여 물을 얻는데 이때 이산화탄소 배출로 환경오염을 유발해요. 특수한 막을 사용하는 **막분**

리법(그래핀 막을 활용하는 방법)과 바닷물을 얼려서 물과 소금기를 분리하는 냉동법은 많은 양의 에너지가 필요하다는 단점이 있습니다.

이 문제를 해결할 수 있는 대안으로 SMR을 활용하면 인구 10만 명 규모의 도시에 전기와 물을 함께 공급할 수 있기 때문에 동남아시아의 섬나라 중동 지역의 사막지역에서는 많은 도움이 될 수 있습니다.

> **막분리법** : 물속의 콜로이드·유기물·이온 같은 용존물질을 반투과성 분리막을 이용해 여과함으로써 분리 제거하는 방법이다. 막분리기술·막분리처리기술이라고도 한다.

출처 : 왜 SMR이 주목받는가?_혁신형 SMR 국회 포럼 자료

04

원자력공학 계약학과

구분	학교명
고등학교	한국원자력마이스터고(경북 울진)
	수도전기공고 에너지전자제어과(서울 강남구)
	경남공고 전기전자과(부산 부산진구)
전문대학	한국폴리텍 인천캠퍼스 발전설비과
	한국폴리텍 목포캠퍼스 발전설비과
	한국폴리텍 강릉캠퍼스 발전설비과
	영진전문대 신재생에너지전기계열
	강동대 신재생에너지과
	경기과학기술대 신재생에너지과
	전주비전대 신재생에너지공학과
대학교	경북대 에너지공학부 원자력공학 트랙
	부산대 기계공학부 원자력시스템전공
	서울대 원자핵공학과
	전북대 양자시스템공학과
	제주대 기계마카에너지화학공학부 에너지공학전공
	경희대 원자력공학과
	단국대 원자력융합공학과
	동국대 경주 창의융합공학부 에너지전기공학전공
	세종대 원자력공학과
	위덕대 에너지전기공학부 원전제어시스템공학전공
	조선대 원자력공학과
	중앙대 에너지시스템공학부 원자력전공
	한양대 원자력공학과

한국원자력마이스터고의 경우는 공기업·대기업 취업률이 53.3% 정도이고, 6년간 평균 취업률이 96.9%인 직업계 고등학교입니다. 이 학교는 2020년에 산업부장관상 수상을 하였으며, 과정평가형 기계정비산업기사 자격에 37명이 응시해 36명이 합격했어요. 이 학교의 특징은 입학생 60여 명 수준의 소수정예 교육과 기계정비 산업기사 취득, 해외 취업을 위한 영어교육, 체계화된 취업시스템과 실무 교육으로 높은 취업률을 자랑합니다.

한국폴리텍 발전설비과의 경우는 미래 신재생에너지 분야와 직결된 발전소 및 플랜트 기계 시스템이 정상적으로 유지되도록 운용하고 정비하는 전문 기술을 가르치고 있습니다. 아울러 기계의 점검, 진단 및 예측·예방 정비와 계획된 보장 수리 및 제반 활동을 수행하는 발전시스템, 즉 에너지 산업에 특화된 멀티 테크니션 인재를 양성합니다.

에너지 산업기사 자격증도 취득할 수 있어요. 대부분 화력, 원자력, 풍력, 수력 발전소 기업체들이나 플랜트 및 친환경 발전시설의 기업체에 많이 취업해요. 그리고 원자력 발전소 공무 분야에서도 일할 수 있답니다.

05

원자력공학 교육과정

① 서울대 원자핵공학과

구분	1학기	2학기
1학년		원자핵공학의 미래
2학년	핵공학개론1 핵공학개론2 핵공학 기초실험 공학물리 기초	플라즈마 전자역학1 핵공학 현대물리 시스템공학 수력학
3학년	원자로 이론 플라즈마 기초 방사선 공학 플라즈마 전자역학 에너지물리화학 시스템공학 열역학	원자핵공학세미나 원자로동력학 및 제어 핵융합 기초 수치해석 기초 시스템에너지 전달공학 핵융합플라즈마 실험 원자력재료 기초 열역학 및 원자력시스템 방사선의산업 및 의학응용
4학년	응용핵물리 원자력시스템 실습 원자로 안전공학 산업플라즈마 공학 원자력법과 사회 원자로열유체 실험 방사선 의과학 기초 원자로물리실험 원자핵공학 학사논문연구1	핵계측 원자로수치해석과 설계 에너지정책 및 경제 핵부품 소재설계 원자핵공학 학사논문연구2

출처 : 서울대학교 전공별 교과목

서울대 원자핵공학과는 미시적인 양자공학과 거시적인 시스템공학을 학습하는 학과입니다. 그러다 보니 학문적으로 배워야 할 공부량이 많습니다. 먼저 수학적 역량을 점검하는 것이 가장 중요해요. 물론 1학년 때 고전역학, 핵물리, 원자물리, 전자기학, 열역학, 통계학 등 기초과학에 대한 학습을 통해 기본적인 수학을 학습하지만, 학습을 위한 기반 지식이 수학이기 때문입니다.

2학년 때는 이를 바탕으로 '핵공학개론'을 통해 원자력시스템, 핵융합/플라즈마, 방사선 공학 분야의 개념을 정립하고, '응용핵물리기초', '플라즈마전자역학', '공학수학' 등의 교과목을 통해 원자핵공학의 기반을 다지면서 세부 전공에 대한 관심을 가집니다. 그리고 다양한 전공선택 교과목들을 통해 원자로물리, 열수력, 원자력재료, 안전공학, 핵융합, 플라즈마 및 방사선의 응용, 컴퓨터물리, 에너지정책 등 핵공학자로의 전문지식과 능력을 배워 진로를 결정할 수 있습니다.

서울대 원자핵공학과는 2020년 서울대 부설연구소로 출범한 '원자력미래기술정책연구소'에서 원자력업계의 중지를 모을 싱크 탱크로서의 역할을 수행하고 있습니다.

☑ 아직도 원자력 관련학과가 비전이 없다고 생각하나요?

미래의 진로 탐색을 위해 미래 산업과 그와 관련된 에너지 분야를 이해하는 건 무척 중요합니다. 그리고 무엇보다 중요한 건 이러한 에너지를 친환경적으로 생산하는 기술이죠. 따라서 친환경적인 에너지 분야인 원자력은 비전이 있다고 생각합니다.

② 한양대 원자력공학과

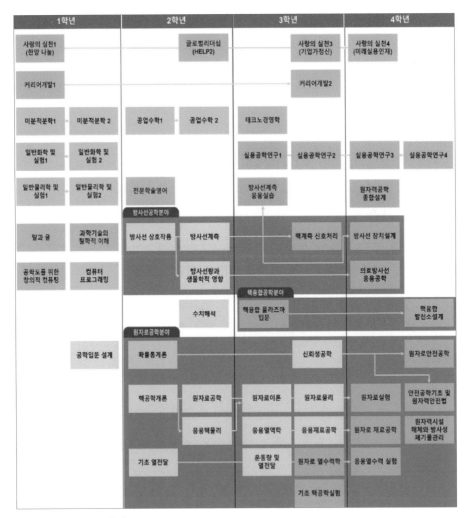

출처 : 한양대 원자력공학과

한양대 원자력공학과는 방사선공학, 핵융합공학, 원자로공학의 3개 분야를
특화해 전문지식을 배울 수 있어요. 특히, 석사학위과정, 박사학위과정, 석사박
사학위 통합과정의 의학물리과정이 개설되어 있습니다. 의학물리란, 현대의학

에서 적용되고 있는 다양한 물리 이론을 바탕으로 진단 및 치료기술에 대한 연구를 수행하는 학문입니다. 의학물리 기술을 바탕으로 정확한 병의 진단과 치료를 위해 사용되는 다양한 검사장비(CT, MRI 등)와 치료 장비(선형가속기, 사이버 나이프, 입자치료기 등)들이 개발되었습니다.

이처럼 현대의학에 있어서 의학물리가 차지하는 비중은 점점 증가하고 있으며, 의학물리를 전공한 의학물리사의 필요성 및 그 역할이 중요해지고 있어요.

또한 다양한 연구실이 있어 학생들이 전문 분야로 나가는 데 많은 도움을 줍니다. 원자로재료연구실, 원자력안전해석연구실, 첨단방사선공학연구실, 방사선계측공학연구실 등 9개의 연구실을 운영하고 있어요.

③ 경희대 원자력공학과

경희대는 원자력시스템 시뮬레이션 트랙을 운영하고 있습니다. 교육과정으로는 컴퓨터 활용 능력과 원자력시스템의 디지털 트윈 기술을 배웁니다. 시뮬레이션 기반 설계 교육 강화 및 산업체 전문가와 협업을 통해 실무 현안을 해결할 수 있는 심화트랙도 있어요. 그중에서 학생들이 제일 관심을 가지는 것은 원자력시스템 시뮬레이션 트랙으로 LINC+사업단 지원으로 운영되고 있습니다.

- 디지털 기술에 기반한 4차 산업혁명시대를 거치는 에너지 분야 공학도에게 컴퓨터 활용 능력 강조
- 이론에 기반한 지식으로 시뮬레이션 모델을 구성하고 궁극적으로 원자력시스템의 디지털 트윈 구현 역량 확보
- 시뮬레이션 기반 설계 교육 강화와 산업체 전문가와 협업을 통해 실무 현안을 해결할 수 있는 심화 트랙

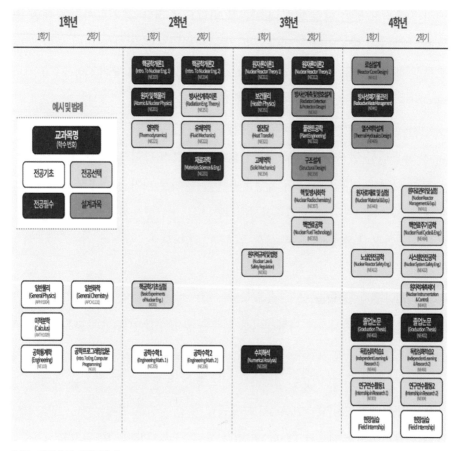

1학년		2학년		3학년		4학년	
1학기	2학기	1학기	2학기	1학기	2학기	1학기	2학기

예시 및 범례

교과목명
(학수 번호)

전공기초 · 전공선택

전공필수 · 설계과목

일반물리
(General Physics)
(APH1004)

일반화학
(General Chemistry)
(APCH110)

미적분학
(Calculus)
(AMTH1009)

공학통계학
(Engineering)
(NE103)

공학프로그래밍입문
(Intro. To Eng. Computer Programming)
(NE105)

핵공학개론1
(Intro. To Nuclear Eng. 1)
(NE201)

핵공학개론2
(Intro. To Nuclear Eng. 2)
(NE204)

원자및핵물리
(Atomic & Nuclear Physics)
(NE203)

방사선계측이론
(Radiation Eng. Theory)
(NE251)

열역학
(Thermodynamics)
(NE221)

유체역학
(Fluid Mechanics)
(NE222)

재료과학
(Materials Science & Eng.)
(NE231)

핵공학기초실험
(Basic Experiments of Nuclear Eng.)
(NE202)

공학수학1
(Engineering Math. 1)
(NE205)

공학수학2
(Engineering Math. 2)
(NE206)

원자로이론1
(Nuclear Reactor Theory 1)
(NE311)

원자로이론2
(Nuclear Reactor Theory 2)
(NE312)

보건물리
(Health Physics)
(NE351)

방사선계측및방호설계
(Radiation Detection & Protection Design)
(NE341)

열전달
(Heat Transfer)
(NE321)

플랜트공학
(Plant Engineering)
(NE322)

고체역학
(Solid Mechanics)
(NE354)

구조설계
(Structural Design)
(NE362)

핵및방사화학
(Nuclear Radiochemistry)
(NE357)

핵연료공학
(Nuclear Fuel Technology)
(NE333)

원자력규제및법령
(Nuclear Law & Safety Regulation)
(NE301)

수치해석
(Numerical Analysis)
(NE359)

노심설계
(Reactor Core Design)
(NE461)

방사성폐기물관리
(Radioactive Waste Management)
(NE441)

열수력학설계
(Thermal Hydraulics Design)
(NE421)

원자로재료 및 실험
(Nuclear Material & Exp.)
(NE443)

노심안전공학
(Nuclear Reactor Safety Eng.)
(NE413)

졸업논문
(Graduation Thesis)
(NE401)

독립심화학습1
(Independent Learning & Research 1)
(NE403)

연구연수활동1
(Internship in Research 1)
(NE305)

현장실습
(Field Internship)

원자로관리및실험
(Nuclear Reactor Management & Exp.)
(NE443)

핵연료주기공학
(Nuclear Fuel Cycle & Eng.)
(NE442)

시스템안전공학
(Nuclear System Safety Eng.)
(NE412)

원자력계측제어
(Nuclear Instrumentation & Control)
(NE411)

졸업논문
(Graduation Thesis)
(NE402)

독립심화학습2
(Independent Learning & Research 2)
(NE404)

연구연수활동2
(Internship in Research 2)
(NE307)

현장실습
(Field Internship)

출처 : 경희대 원자력공학과

경희대 원자력공학과만의 자랑은 복수학위제입니다. 경희대 원자력공학과 중국 옌타이대 원자력장비 및 원자력기술학을 복수전공할 수 있어요. 2020년부터 옌타이대학에서 시행하고 있으며, 경희대는 2021년부터 시행하고 있습니다.

④ 세종대 양자원자력공학과

세종대학교 양자원자력공학과는 2013년 정부로부터 원자력발전 특성화대학 (고급과정)으로 지정되어 운영되고 있습니다. 한국전력, 한국수력원자력, 한국원 전연료, 원자력 분야 기업에서 학생 선발 및 교육을 지원하고 있으며, 벤처 창업 을 할 수 있는 기회도 제공하고 있어요.

최근 연구의 필요성이 대두되고 있는 원자력에너지의 다목적 이용을 위해 안 전성과 경제성이 크게 향상된 원자로와 차세대 원자력 및 방사선기술, 소형모듈 화 원자로(SMR) 등의 개발을 연구하고 있습니다.

세종대학교는 양자원자력공학과의 세분의 교수 연구팀이 원자력안전규제 검증 기술 고도화 중장기 사업에 선정될 정도로 수준 높은 연구가 진행되고 있습니다.

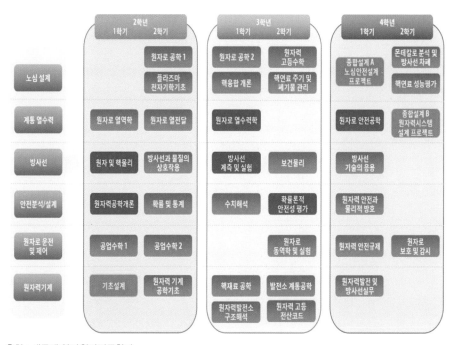

출처 : 세종대 양자원자력공학과

사보타주(프랑스어 : Sabotage) : 생산 설비 및 수송 기계의 전복, 장애, 혼란과 파괴를 통해 관리자 또는 고용주를 약화시키는 것을 목적으로 하는 의도적인 행동을 말한다.

원자력안전규제 검증기술 고도화 중장기 사업은 원전의 안전성 향상에 기여하고자 원자력안전위원회가 추진하는 사업으로 2026년까지 6년간 원자력안전규제 검증기술 고도화 사업의 공동연구를 진행합니다. 연구팀은 물리적 방호분야 2개 과제와 안전분야 1개 과제에 선정되어 안전성 평가 기반 원전 **사보타주**의 대상인 공격목표집합 식별과 방호규제 방법론 개발 과제를 수행합니다.

06

원자력공학과를 위한
과목 선택

2022 개정교육과정에서는 융합선택과목과 진로선택과목으로 세분화되어 자신이 전공하고자 하는 분야에 대해 깊이 배울 수 있도록 선택과목의 폭을 넓혔습니다.

교과	선택과목		
	일반선택	융합선택	진로선택
국어	화법과 언어 독서와 작문 문학	독서 토론과 글쓰기 매체 의사소통	주제탐구 독서 문학과 영상
수학	대수 미적분I 확률과 통계	실용통계 수학과제 탐구	미적분II 기하 인공지능 수학 심화수학I, II 고급수학I, II
영어	영어I 영어II 영어독해와 작문	실생활 영어회화 미디어 영어	영어 발표와 토론 심화영어 심화영어 독해와 작문
사회	사회와 문화 현대사회와 윤리	역사로 탐구하는 현대세계 사회문제 탐구	도시의 미래 탐구 법과 사회 윤리와 사상

과학	물리학 화학 생명과학 지구과학	과학의 역사와 문화 융합과학 탐구 물리학실험	역학과 에너지 물질과 에너지 행성우주과학 지구시스템과학 과학과제 연구 고급물리학
교양	논리학 진로와 직업 논술		지식재산 일반

☑ 원자력공학과를 희망하는 경우 고등학교 때 어떤 과목을 선택해서 심화 활동을 하는 것이 좋을까요?

원자력공학을 이해하기 위해서는 수학과 물리학, 화학이 중요해요. 이 부분은 대학 교육과정에서도 확인할 수 있어요. 기초과학으로 공업수학, 미적분학, 선형대수학, 미분방정식, 그리고 수치해석 프로그래밍이나 일반물리학과 물리화학, 현대물리학까지 배웁니다. 이 내용은 학교마다 약간의 차이는 있지만, 수학과 물리학이 매우 중요하다는 것을 알겠지요.

원자력공학과를 희망하는 학생들은 미적분II, 심화수학I,II뿐만 아니라 고급수학I,II까지 듣는다면 관련 전공 이해도가 좋아 심화 탐구활동을 할 수 있어요. 진로선택 수학 과목을 배우면서 심화 탐구활동을 어떻게 하냐고요? 예를 들어 우리가 고등학교 때 공부하는 적분단원의 구분구적법을 배우고, 리만정적분의 차이점을 확인해도 되고, 아르키메데스의 구적법을 응용하는 탐구력을 보여줄 수 있어요.

선행학습금지법으로 수학을 공부할 때 증명을 하기보다는 단순한 정의와 정리를 이용하여 계산하는 문제풀이식 학습을 많이 합니다. 심화학습을 하고 싶은 친구들은 자신만의 방법으로 증명을 하고 이를 선생님께 점검받고 이를 세특에 기록하면 더 좋은 평가를 받을 수 있어요. 또는 대학교재를 참고해서 직접 증명해 보면서 학업역량을 보여줄 수도 있습니다.

진로와 관련된 수학 탐구활동을 보여주고 싶다면 실용통계나 수학과제 탐구 과목을 선택해서 진로와 연계한 뒤, 신문과 최근 이슈에 관한 논문을 찾아보고 이를 검증하는 방법도 좋은 탐구 주제가 될 수 있어요.

물리학과 화학은 필수로 들어야 하고, 여기에 물리학 실험과 고급물리학을 들으면 좋아요. 대학에서는 원자로 실험이나 플라즈마 실험 등을 통해 원자력공학기술자를 키우고 있어요. 이를 위해 고등학교 때 관련 실험을 설계하고 접한다면 대학에 진학했을 때 많은 도움이 될 수 있습니다.

☑ 과학 이외에 다른 과목은 어떻게 연계시키면 좋을까요?

평소 독서와 글쓰기를 좋아하는 친구들은 '독서토론과 글쓰기'나 '주제탐구독서'를 통해 자신이 평소에 호기심이 있었던 것들을 정리해 보면서 배경지식을 쌓는 것도 좋아요. 물론 다양한 토론활동도 좋습니다. '원자력 발전이 필요한가?', '폭발의 위험이 없는 안전한 에너지는?', '원전을 안전하게 해체할 수 있는 방법은?' 등 다양한 주제의 토론활동을 통해 사고의 폭을 넓힐 수 있어요.

이처럼 시사적인 내용을 선택해 글쓰기나 주제 탐구활동을 해보는 것도 다른 친구들과 차별화시킬 수 있는 좋은 전략이 될 것입니다.

또한 에너지에 관련된 내용을 기술·가정 과목을 통해 탐색하고 이후 깊이 있는 활동으로 확장시킬 수도 있어요. 이외에도 교과목별로 미리 목차를 확인하고 본인이 관심 있는 과목을 선택해서 듣는 것도 좋아요. 과목 선택은 권장으로 정해진 것은 없답니다.

07

원자력 관련
재미있는 탐구활동

① 우리나라에 소형원전이 설치되면 좋을 장소 탐구

소형모듈원전(SMR)로 생산하면 인구 10만 정도 도시에 에너지를 공급할 수 있을 뿐만 아니라, 생산된 전기를 이용하여 바닷물로부터 식수를 생산할 수 있는 이점이 있습니다. 이런 장점을 활용하여 어떤 지역에 설치되면 좋을지 탐구해 볼 수 있습니다.

→ 소형원전을 소도시에 설치하면 에너지뿐만 아니라 식수까지 제공할 수 있다는 장점이 있다는 것을 바탕으로 SMR 설치의 최적 위치를 찾아보는 탐구활동

기사명		관련 영역	
주제명			
읽게 된 동기			
탐구 내용			
느낀 점			
추후 심화 활동			
학생부 브랜딩			

② 우리 고장 방사선 지도 만들기 탐구

자연 상태에서도 방사선이 발생한다는 것을 알고 있나요? 우리 고장에서 얼마나 많은 방사선이 배출되는지, 그리고 전자기기, 의료기기에서 발생하는 방사선량 등을 비교하면서 그 위험성을 알아보고 탐구해 봅니다.

→ 자연 상태에서도 방사선이 발생한다는 뉴스를 보고 어느 정도 발생하는 것인지, 그리고 전자기기와 의료기기에서 발생하는 방사선량을 조사해 우리 고장 방사선량 지도를 만드는 탐구활동

기사명		관련 영역	
주제명			
읽게 된 동기			
탐구 내용			
느낀 점			
추후 심화 활동			
학생부 브랜딩			

③ 방사선을 긍정적으로 활용한 사례 탐구

비파괴검사는 기계공학, 제조, 재료과학, 항공기 부품, 다리 등 다양한 분야에서 공작물과 건물, 토목의 제품 완전성이나 표면 상태를 변형시키지 않고 검사하는 편리한 활용법입니다. 이를 활용해 우리 생활을 편리하게 하는 데 도움을 준 사례를 탐구해 볼 수 있습니다.

→ 비파괴검사 중 방사선투과법을 활용해 장비나 부품의 내부의 균열과 완전성을 확인할 수 있다는 것을 확인하고, 이를 활용한 또 다른 기술에 대해 알아보는 탐구활동

기사명		관련 영역	
주제명			
읽게 된 동기			
탐구 내용			
느낀 점			
추후 심화 활동			
학생부 브랜딩			

공기를 정화하는
수소연료전지

01

수소연료전지의
무궁무진한 활용 분야

수소연료전지란 무엇일까?

우리 주위에서 많이 볼 수 있는 연료전지의 가장 기본적인 형태로 수소
를 산화 전극의 연료로 사용하고 있어요. 수소와 산소가 반응해 물이 되는

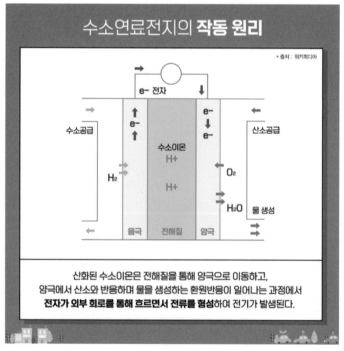

출처 : 수소연료전지 작동원리_한화 블로그

$2H_2+O_2 \rightarrow 2H_2O$ 반응을 통해 전자는 산화전극(anode)에서 외부 도선을 통해 환원전극(cathode)으로 이동하면서 전기에너지를 발생합니다.

수소연료전지를 최초로 발견한 것은 1839년 윌리엄 그로브입니다. 이후 시장에서 사장됐던 수소연료전지는 1969년 7월 인류 최초로 달 착륙에 성공한 아폴로 11호에 탑재되었습니다. 미국 항공우주국인 NASA는 당초 충전지와 핵연료 등을 비행선 전원용으로 검토했지만 안전문제로 포기하고 수소연료전지로 아폴로 11호에 전기를 공급했어요. 이 과정에서 분해한 물은 우주비행사의 식수로 활용되었죠. 이처럼 수소연료전지는 아폴로 11호의 달 착륙과 지구로의 무사귀환에 큰 기여를 했습니다.

출처 : 아폴로호에 탑재됐던 연료전지(왼쪽), 우주왕복선 디스커버리호에 실린 엔진(오른쪽)_NASA

수소연료전지는 메탄올이나 개미산 등의 산화전극에서 다른 연료를 사용하는 연료전지에 비해 가장 친환경적임에도 불구하고 수소의 저장문제 때문에 활용도가 떨어졌어요. 하지만 최근에는 수소 저장에 따르는 안정성 문제를 해결할 수 있는 기술이 확보됨에 따라 수소연료전지를 자동차의 동력원으로 사용하는 수소 자동차가 상용화될 정도로 발전하였습니다.

개질반응 : 열이나 촉매의 작용에 의해 탄화수소의 구조를 변화시켜 가솔린의 품질을 높이는 조작으로 석유 정제 공정의 하나이다.

일반적으로 수소는 천연가스의 수증기 개질반응으로 대량 생산하는데, 수소 저장문제와 함께 경제적인 수소의 생산문제가 해결된다면 수소연료전지는 앞으로 친환경 에너지원으로서 널리 활용될 수 있을 것입니다.

우리나라는 2018년 현대자동차에서 수소연료전지를 탑재한 수소 전기차 넥쏘를 개발해 판매하고 있습니다. 또한 세계 최초 수소트럭을 양산해 스위스와 1,600대를 계약하고 10대를 먼저 수출할 정도로 발전하였답니다.

① 수소도시

수소도시는 도시 내 수소 생태계가 구축되어 수소를 주된 에너지원으로 활용해 시민이 체감할 정도로 건강하고 깨끗한 도시를 말합니다. 수소 수급 여건에 따라 도시 내 3~10㎢ 범위의 생활권 단위로, 도시 활동의 핵심인 주거와 교통 분야에서의 수소 활용을 기본요소로 하고 있어요.

기본요소는 주거 분야, 교통 분야, 통합운영센터로 이뤄집니다. 이 중 주거 분야에서는 시범도시에서 필수적인 공동주택 단지와 상업건물, 단독주택, 공공시설 등의 개별 건축물에 연료전지를 설치하고 냉·난방, 전기 등 에너지를 공급하는 데 수소를 활용해요. 이는 연료전지를 통한 분산 발전으로 안정적인 에너지 공급이 가능하고 도시환경 개선에 효과적이며, 주민의 에너지 비용 절감도 가능합니다.

출처 : 수소 시범도시 추진전략_국토교통과학기술진흥원

 교통 분야에서는 수소에너지 기반 교통체계를 구축하기 위해 도시 내 또는 인근 복합환승센터, 주차장, 버스차고지 등에 수소차, 수소버스 충전소를 설치합니다. 이를 통해 도심 내·외부 공간에서 수소교통수단 체계를 마련해 충전소를 구축해 충전비용 및 교통요금이 인하될 수 있도록 개선할 수 있어요.

 또한 시범도시에서는 수소 관련 기반시설의 인프라를 구축해 운영하는 통합운영센터를 설치하고 수소의 공급-저장-이송현황과 안전성 등을 실시간으로 모니터링해 관리하고 있어요. 통합운영센터를 통해 주민은 도시 내 수소 활용 현황과 안전성을 실시간으로 확인할 수 있는 시스템을 구축하였답니다.

 이처럼 수소도시가 만들어지기 위해서는 수소 활용을 위한 수소의 생산-이송-저장-활용까지 전 주기 수소 생태계 구축이 필요해요. 수소에너지 플랫폼 구현을 위한 인프라로서 대규모 수소생산, 액화 플랜트, 수소이송 파이프 등의 수소 그리드, 수소 메가스테이션, 수소공급 및 거래가 가능한 운영 플랫폼도 앞으로 많이 필요합니다.

출처 : 수소 시범도시 추진전략_국토교통과학기술진흥원

출처 : 수소도시의 개념_국토교통과학기술진흥원

우리나라의 경우에는 경기도 평택을 친환경 수소도시로 조성하고 있어요. 한국서부발전, GS칼텍스 등 16개 기업 및 기관들이 2024년까지 6,400억 원을 투자해 평택항 탄소중립수소복합지구가 만들어지면 에너지 효율이 높은 수소도시가 될 수 있습니다. 또한 기존산업이 친환경 미래 산업으로 재편되어 신규일자리 발생 및 미세먼지가 높은 평택항 일대가 그린 항만으로 새롭게 태어날 수 있습니다.

수소 특화단지	수소기반 항만
2024년까지 수소 생산·액화, 수소연료전지 발전, 수소용기 제조기업 유통센터를 결합한 산업단지 조성	화석연료 사용 중심의 항만을 대체하는 블루수소를 활용할 항만도시 조성

출처 : 경기도 공식 블로그

수소특화단지인 평택 원정지구

수소생산 및 액화, 수소연료전지발전, 탄소포집·활용, 수소용기계조 전문기업 유통센터가 결합된 수소 전주기 산업단지로 조성합니다.

특히 이산화탄소를 포집한 블루수소를 생산해 평택항 인근지역의 모빌리티, 연료전지에 공급하고 포집한 이산화탄소는 주변 스마트팜, 반도체기업, 드라이아이스 등으로 활용해 환경성과 경계성을 갖춘 수소생산이 가능해집니다.

현덕·만호지구

수소특화단지에서 생산한 블루수소를 수소배관으로 공급받아 수소버스, 수소연료전지 등을 활용하는 수소도시로 조성합니다.

배후단지와 관광단지

대용량 충전소 및 수소차 정비소가 있는 수소교통복합기지를 구축하고, 수소기반 항만하역장비, 물류트럭, 화물기차, 선박전용 수소충전소와 수소기반육상전원공급장치 등 수소모빌리티를 도입합니다.

출처 : 경기도 공식 블로그

출처 : 수소 경제의 집합체 수소 시범도시_가스신문

☑ 외국의 수소도시에 대해서도 알아볼까요?

덴마크 롤란드섬은 베스텐스코프(Vestenskov) 마을의 각 가정에 연료전지 모듈을 설치, 각 가정에 수소 공급망을 배치했습니다. 세계 최초의 수소연료전지 마을로 만들겠다는 계획을 가지고, 2008년 덴마크 최고 환경 프로젝트로 지정되어 운영되고 있어요.

우선 각 가정에 연료전지 모듈(마이크로 수소연료 열병합발전소)과 수소 공급망을 설치해 천연가스와 동일한 방식으로 공급합니다. 즉, 수소가 각 가정에 공급되기 전에 탱크에 저장되며, 파이프를 통해 공급하는 방식이죠.

네덜란드의 수소도시의 경우에는 **수전해** 활용 수소생산 프로젝트라는 점에서 의미가 있습니다. 1만 2,500개의 태양광 패널을 설치해 1MW 용량의 태양

수전해 : 물을 전기분해해 고순도 (99.999%)의 그린 수소를 생산하는 기술.

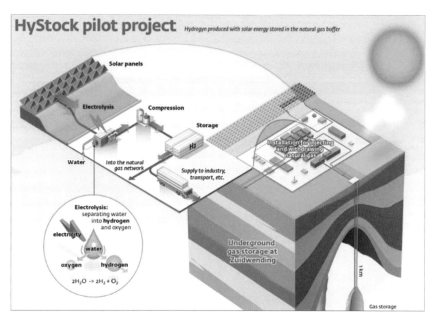

출처 : 4차 산업혁명의 핵심 인프라인 수소산업·수소도시·수소모빌리티 관련 비즈니스 전략 모색을 위한 종합 분석

광발전으로 수소를 연 27만 톤 생산하고 있어요. 네덜란드는 향후 해상풍력발전과 천연가스 개질 등 2050년까지 수소 대량 생산을 통해 kg당 2~3유로로 수소 에너지를 생산해 가격 경쟁력을 확보하려는 계획을 세우고 있습니다. 하이스톡(HyStock) 프로젝트를 통해 자국 내 최초의 1MW급 **P2G** 에너지 저장시설까지 만들고 있답니다.

영국의 경우에는 H21 Leeds City Gate Project를 진행 중입니다. 이 프로젝트는 기존 천연가스 배관을 이용해 수소를 공급하며, 2030년까지 리즈시를 세계 최초 수소도시 전환을 목표로 하고 있어요. 이를 위해서 기존 천연가스를 100% 수소로 전환하기 위한 기술적·경제적 관점의 타당성 검토 프로젝트를 진행했습니다. 리즈시는 인구 80만 명의 도시로 이미 1966~1977년까지 도시가스에 수소를 50% 함유해 천연가스를 수소로 전환하기 위한 기술적 가능성까지 검토하면

〈그림〉 후쿠시마현 실증 사업의 개요

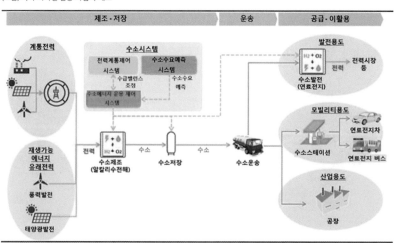

출처 : 4차산업혁명의 핵심 인프라인 수소산업·수소도시·수소모빌리티 관련 비즈니스 전략 모색을 위한 종합 분석

서 준비하고 있었습니다. 또한 주변 소금동굴을 활용해 수소를 저장하는 방법 등 기존 인프라를 적극 활용하는 방법으로 시민에게 미치는 영향을 최소화하면서 도시가스 그리드를 수소로 전환하는 방법을 적용하고 있습니다.

일본 수소도시의 특징은 직접 도시에 수소 인프라를 구축해 수소도시를 만드는 것입니다. 키타큐슈 수소타운, 고베수소 스마트 시티, 환경성 수소 사회 등 다양한 시나리오를 세워 추진하고 있어요. 시장의 수소 수요를 예측하는 수소 수요예측시스템과 전력 계통의 수급 밸런스를 감시 제어하는 전력 계통 제어시스템의 정보를 바탕으로 수소에너지 운용 시스템이 수소 제조장치 등을 포함한 최적의 운용을 실시함으로써 재생에너지의 이용을 확대하고 있어요.

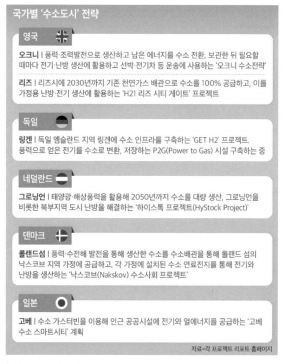

국가별 '수소도시' 전략

영국

오크니 | 풍력·조력발전으로 생산하고 남은 에너지를 수소 전환, 보관한 뒤 필요할 때마다 전기·난방 생산에 활용하고 선박·전기차 등 운송에 사용하는 '오크니 수소전략'

리즈 | 리즈시에 2030년까지 기존 천연가스 배관으로 수소를 100% 공급하고, 이를 가정용 난방·전기 생산에 활용하는 'H21 리즈 시티 게이트' 프로젝트

독일

링겐 | 독일 엠슬란드 지역 링겐에 수소 인프라를 구축하는 'GET H2' 프로젝트. 풍력으로 얻은 전기를 수소로 변환, 저장하는 P2G(Power to Gas) 시설 구축하는 중

네덜란드

그로닝언 | 태양광·해상풍력을 활용해 2050년까지 수소를 대량 생산, 그로닝언을 비롯한 북부지역 도시 난방을 해결하는 '하이스톡 프로젝트(HyStock Project)'

덴마크

롤랜드섬 | 풍력·수전해 발전을 통해 생산한 수소를 수소배관을 통해 롤랜드 섬의 낙스코브 지역 가정에 공급하고, 각 가정에 설치된 수소 연료전지를 통해 전기와 난방을 생산하는 '낙스코브(Nakskov) 수소사회 프로젝트'

일본

고베 | 수소 가스터빈을 이용해 인근 공공시설에 전기와 열에너지를 공급하는 '고베 수소 스마트시티' 계획

자료=각 프로젝트 리포트·홈페이지

출처 : 수소 개발하는 선진국들_조선일보

② 수소 전기차(FCEV, Fuel Cell Electric Vehicle)

수소 전기차(FCEV)는 차량에 저장된 수소와 대기 중의 공기의 결합으로 생성된 전기로 운행이 되기 때문에 100% 무공해 차량으로 전기 생성 과정에서 순수한 물만 배출됩니다. 전기를 만드는 과정에서 대기 중에 있는 초미세먼지를 99% 이상 제거하는 기능도 있어 공기청정기를 하나 달고 다닌다고 생각하면 되겠죠.

내연기관 차량의 연료탱크 대신 수소를 저장하는 탱크를 탑재한 수소 전기차는 내연기관 차량과 유사한 수준의 주행거리뿐만 아니라, 수소 충전시간 또한 내연기관 차량의 주유시간과 동등한 3~5분이면 충분합니다. 또한 수소 전기차는 전력 계통을 상용 전원 발전기로 활용이 가능해 차량 외부로 전력을 공급할 수 있는 장점도 가지고 있습니다.

출처 : HMG JOURNAL

수소 전기차는 수소저장 탱크에서 공급한 수소를 직접 태워서 에너지를 발생시키는 것이 아니라 수소와 공기 중 산소의 전기화학 반응을 통해 전기를 생성합니다. 이때 생성된 전기로 모터를 돌려 동력을 발생시켜 에너지를 얻고, 부산물로 물을 배출해 환경오염의 위험이 없고, 전기모터 구동으로 소음 또한 줄일 수 있습니다.

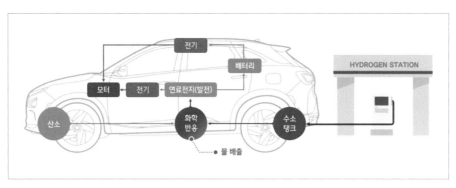

출처 : HMG JOURNAL

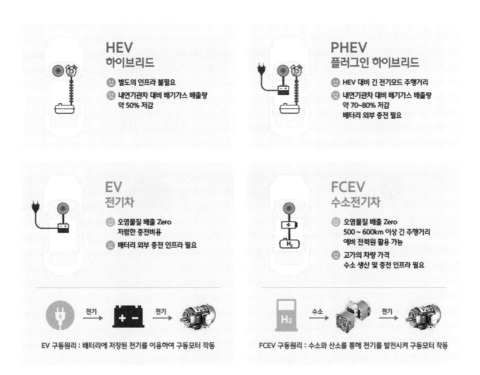

출처 : 수소전기차와 다른 전기차 비교_HMG JOURNAL

☑ 수소 전기차의 장점이 있는 데 꺼리는 이유는 무엇 때문일까요?

수소가 가연성을 가지고 있어 폭탄처럼 폭발할 수 있다는 것을 걱정하기 때문입니다. 그런데 그런 걱정은 전혀 할 필요가 없습니다.

수소 전기차에 사용되는 수소는 일반적인 '수소 분자' 즉, 삼중수소와 중수소 등이 1억 ℃의 온도와 수천 기압의 압력하에서 핵융합 반응을 일으켜야 하는 수소폭탄과는 다릅니다. 또한 현대자동차그룹에서 생산하는 수소 전기차는 수소가 탱크 외부로 새어 나오지 않는 내투과성, 차량 화재 발생 시 탱크가 폭발하지 않는 내화염성, 주행 중 충돌 사고 등에도 탱크가 안전한 내충격성 등 주요 안전 항목을 모두 충족시키고 있습니다. 이뿐만 아니라 UN의 세계 통합 규격까지 만족시킬 만큼 안정성을 확보한 것이기에 폭발될 걱정은 전혀 하지 않아도 됩니다.

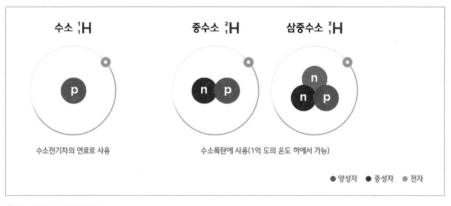

출처 : HMG JOURNAL

③ 수소 전기차 밖으로 나온 수소연료전지

수소연료전지로 달리는 수소 전기차 넥쏘를 시작으로 현대자동차에서는 세계 최초로 수소전기트럭 엑시언트를 생산했습니다.

수소에너지 기술을 자동차 분야 외에 적용한 첫 사례로는 수소 전기차 넥쏘에 탑재된 연료전지모듈 5개를 나란히 연결한 450kW 전력의 발전용 시스템을 만들었다는 것입니다. 필요 시 수소 연료전지를 추가해 전력량을 늘릴 수도 있어요. 일반적으로 디젤엔진을 사용하는 비상 발전기에 비해 우수한 에너지 효율, 무공해, 저소음이 특징이에요. 정전 시 비상전력, 보조전력 등으로 활용될 수 있습니다.

출처 : 수소비상발전시스템_HMG JOURNAL

출처 : 수소비상발전시스템_HMG JOURNAL

 디젤 발전기의 대안으로 떠오르는 수소 연료전지 발전기는 넥쏘에 탑재된 연료전지 스택 2기를 결합한 것입니다. 최대 출력 160kW로 전기공급이 어려운 지역이나 야외 촬영 현장에서 사용할 수 있어요. 또한 전기차 2대를 동시 급속 충전할 수 있어 돌발 상황에서 충전이 필요한 전기차 모터스포츠 등 다양한 분야에서 활용할 수 있다는 장점이 있답니다.

출처 : 이동형 수소연료전지_HMG JOURNAL

수소전기트램은 전선과 변전소 등의 설비가 필요하지 않아 전력 인프라 건설, 유지보수 비용을 절감할 수 있어요. 운송거리가 길고 많은 사람이 이용하는 만큼 공해를 일으키지 않는 것이 가장 중요하겠죠. 물 이외의 오염물질을 배출하지 않고 1시간 운행 시 성인 약 108명이 마실 깨끗한 공기를 생산하는 도심 공기 정화 기능까지 갖춘 것은 수소전기트램의 특징이랍니다.

| 현대로템 수소전기트램

출처 : 수소전기트램_HMG JOURNAL

　또한 자동차 분야를 넘어 드론, 선박 등 다양한 산업 분야에 활용될 수 있어 그 활용범위가 매우 넓습니다. 이렇게 수소를 활용할 수 있는 분야가 많기에 수소에너지를 가지고 활용할 수 있는 분야에 대해 연구한다면 취업뿐만 아니라 창업에도 좋은 역할을 담당할 수 있을 것입니다.

출처 : 수소 드론, 선박_HMG JOURNAL

☑ 수소차 10만 대가 4시간 달리면 제주도 전체 인구(68만 1,095명)가 하루 숨 쉴 양보다 많은 공기가 정화된다는 말이 사실인가요?

네, 사실입니다. 현대차 넥쏘를 기준으로 한 시간 운행할 경우 공기 26.9㎏이 정화되고, 이는 성인(체중 64㎏ 기준) 42.6명이 한 시간 동안 호흡할 수 있는 양입니다. 그럼 10만대를 4시간 운행하면 71만 명이 하루 숨 쉴 수 있는 양의 공기를 정화할 수 있어요.

먼저 유입된 바깥 공기는 먼지와 화학물질을 포집하는 공기 필터를 거쳐 초미세먼지(PM 2.5)의 97% 이상이 걸러지고, 두 번째로 막 가습기를 통과하며 막 표면에 초미세 먼지를 추가로 제거합니다. 이후 연료전지 내부에 있는 탄소섬유 종이로 된 기체 확산층(공기를 연료전지 셀에 골고루 확산시키는 장치)까지 통과하면 초미세 먼지의 99.9% 이상이 걸러지고 깨끗한 수증기만 배출합니다.

출처 : 수소연료전지 공기정화기능_HMG JOURNAL

02

수소 연료전지는
패러다임의 변화

대부분의 수소는 탄소와 수소로 구성된 천연가스에서 수소를 추출하는 천연가스 개질방식으로 생산되고 있어요. 현재 세계 최대 수소 생산국인 중국이 주로 천연가스 개질방식으로 수소를 생산하고 있습니다. 이 방식은 생산 비용이 저렴하지만, 온실가스가 배출되기 때문에 최근에는 온실가스 배출이 없는 '그린수소' 생산에 투자하고 있습니다.

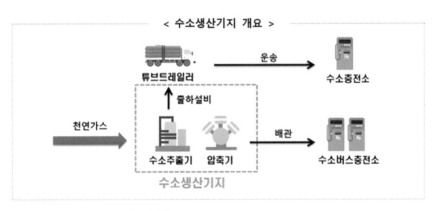

출처 : 수소생산기지 개요_산업통상자원부

☑ 그린 수소 생산법이 궁금해요.

그린 수소 생산법은 신재생에너지로 물을 전기분해해 수소를 생산하는 방법입니다. 신재생에너지인 태양광, 풍력 등으로 생산한 전력을 활용하죠. 호주, 독일, 프랑스 등이 이런 방식을 도입 중입니다. 특히 호주는 대륙 서쪽에 거대하게 펼쳐진 필바라 사막에 태양광 패널을 설치하고, 여기서 생산된 전기에너지를 활용하는 수전해 수소 생산설비를 대규모로 건설하고 있어요. 호주는 국토의 상당 부분이 건조지대여서 사람이 거의 살지 않아 태양광 발전을 위한 부지 확보도 매우 쉽기 때문에 넓은 범위에 적용해 운영하고 있습니다.

출처 : AGL Energy

미국의 경우는 플라스틱, 폐기물 등을 활용한 에너지로 수소를 생산하는 시설을 세계 최대 규모로 구축하고 있습니다. 재활용 종이와 플라스틱을 고온에서 가열한 뒤 얻은 바이오가스에서 수소를 추출하는 방식입니다. 이런 방식으로 수소를 생산할 경우 생산비용이 저렴하고 온실가스 배출량도 적고 버려지는 폐기물을 활용하기 때문에 쓰레기 매립으로 발생할 수 있는 환경오염을 줄일 수 있습니다.

우리나라를 비롯한 많은 나라들이 미생물을 이용한 친환경 수소 생산 연구를 진행하고 있습니다.

수소에너지는 다양한 분야에서 활용되지만, 가장 주목받는 분야는 모빌리티입니다. 하지만 수소 전기차가 도로 위를 달리기 위해서는 수소로 전기를 생산하는 연료전지 시스템과 관련 기술의 발전, 그리고 수소충전소의 구축도 필요해요. 또한 수소충전소까지 수소를 옮길 운송 인프라도 필요하기 때문에 관련 직업들의 인력들도 앞으로 많이 필요할 것입니다.

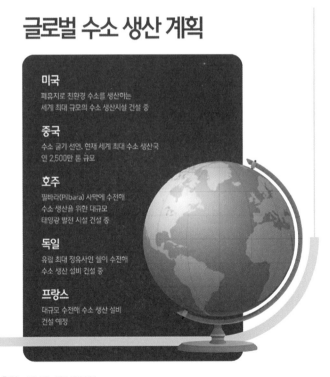

글로벌 수소 생산 계획

미국
폐휴지로 친환경 수소를 생산하는
세계 최대 규모의 수소 생산시설 건설 중

중국
수소 굴기 선언, 현재 세계 최대 수소 생산국
연 2,500만 톤 규모

호주
필바라(Pilbara) 사막에 수전해
수소 생산을 위한 대규모
태양광 발전 시설 건설 중

독일
유럽 최대 정유사인 쉘이 수전해
수소 생산 설비 건설 중

프랑스
대규모 수전해 수소 생산 설비
건설 예정

출처 : HMG JOURNAL

우리나라를 비롯한 현재 주요 선진국들은 수소 전기차 보급 계획을 세우고 있습니다. 독일의 경우는 2030년까지 수소차 180만 대를 보급하고, 수소충전소를 1,000개소 규모로 늘릴 예정입니다. 이를 위해 대부분 수소 전기차 구매 금액을 보조하거나 세금을 줄여주고, 수소충전소 구축에도 공적자금을 투입하고 있습니다.

수소전기차 보급 계획

미국 **100**만 대 보급
독일 **180**만 대 보급
중국 **100**만 대 보급
일본 **90**만 대 보급

수소충전소 보급 계획

미국 **1,000**개소 설치
독일 **1,000**개소 설치
중국 **1,000**개소 설치
일본 **900**개소 설치

출처 : 수소융합얼라이언스추진단

우리나라의 경우도 수소 경제 위원회를 만들어 경남과 호남, 중부, 강원 등 4 곳에는 중규모 수소 생산기지를 설치하고, 전국 곳곳에 소규모 수소 생산기지 40곳을 추가로 구축하겠다는 계획을 발표했습니다.

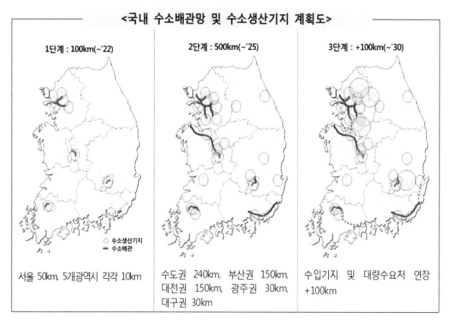

<국내 수소배관망 및 수소생산기지 계획도>

1단계 : 100km(~'22)

2단계 : 500km(~'25)

3단계 : +100km(~'30)

○ 수소생산기지
━ 수소배관

서울 50km, 5개광역시 각각 10km

수도권 240km, 부산권 150km,
대전권 150km, 광주권 30km,
대구권 30km

수입기지 및 대량수요처 연장
+100km

출처 : 한국가스공사

　맥킨지가 발표한 보고서에 따르면, 2050년경 세계는 수소 사회 진입 효과로 연간 60억 톤의 온실가스 배출량을 줄일 수 있을 것으로 예상하고 있습니다.

　수소에너지는 생산부터 저장, 운반, 활용 등 각 분야에 걸쳐 전 세계 곳곳에서 투자와 연구개발을 진행하며 빠르게 성장하고 있습니다. 이처럼 세계가 친환경 에너지 패러다임으로 전환을 하고 있으며, 환경오염 걱정이 없는 친환경 사회에 점차 가까워지고 있습니다.

03

수소연료전지 개발의 필요성

우리에게 연료의 문제는 예전이나 지금이나 국가정책의 중요한 한 부분을 차지하고 있어요. 최근 화석연료의 무분별한 사용으로 지구온난화가 심해지면서 대체에너지의 필요성이 대두되었습니다.

사실 대체에너지에 대한 문제는 1973년 이스라엘과 이집트의 전쟁 발발로 인한 원유 수출 제한으로 1차 석유파동에서 시작되었습니다. 그리고 그 후 1979년 이란과 이라크의 전쟁으로 인한 2차 석유파동으로 그 심각성이 더욱 커졌습니다.

1990년대에는 기후변화 위기에 대한 국제적인 인식이 형성되어 연료전지로 관심이 옮겨가게 되었어요. 1992년 브라질 리우 환경회의에서 채택된 기후변화협약, 그리고 1997년 이산화탄소 감축량을 규정한 교토의정서 채택을 통해 본격적으로 환경문제가 대두되었죠. 이후 고효율 친환경 에너지 기술을 접목한 연료전지 개발이 화두가 되었습니다.

2015년 12월, 지구온난화의 문제를 해결하기 위해 파리에서 열린 유엔 기후변화협정(파리기후변화협정)에서 전 세계 195개국은 지구의 평균온도가 상승하지 않도록 온실가스 배출량을 단계적으로 감축하는 내용에 합의했어요. 이를 실천하기 위해 많은 국가가 탄소에너지를 대체할 친환경에너지 개발 연구에 박차를 가하고 있답니다.

현재 우리가 생각하는 친환경 에너지는 태양광, 풍력 등 자연의 힘을 이용해 전기를 생산하는 재생에너지와 수소의 화학반응을 일으켜 전기를 생산하는 신에너지가 있어요. 이 중에서도 수소는 우주 분자의 90% 이상을 차지하는 무한한 물질로 필요에 따라 얼마든지 생산이 가능하기 때문에 가장 주목받고 있습니다. 또한 사용 과정에서 순수한 물만 배출하는 무한자원이므로 더욱 관심이 높아지고 있어요. 액체나 고압 기체로 저장이 가능하고, 쉽게 운송할 수 있다는 이점도 있습니다.

태양에너지나 풍력에너지처럼 자연환경 조건에 따라 전기 생산량이 달라져 에너지 공급 측면에서 안정성이 부족한 신재생에너지의 단점을 보완해준다는 점도 수소 에너지의 장점이랍니다.

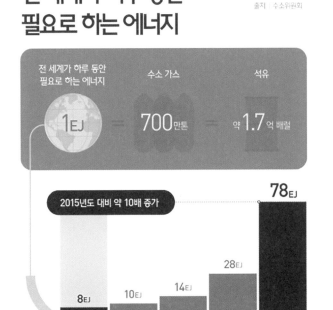

전 세계가 하루 동안 필요로 하는 에너지

출처 | 수소위원회

전 세계가 하루 동안 필요로 하는 에너지	수소 가스	석유
1EJ	700만톤	약 1.7억 배럴

2015년도 대비 약 10배 증가

2015	2020	2030	2040	2050
8EJ	10EJ	14EJ	28EJ	78EJ

EJ : 엑사줄(에너지의 단위)로 1018 Joule을 의미한다.

수소위원회의 자료를 보면, 2050년에는 전 세계 수소 소비량이 약 5억 4,600만 톤으로 증가한다고 합니다. 이는 132억 6,000만 배럴의 석유를 대체하는 규모로, 에너지로 환산하면 약 78**EJ**에 달하는 엄청난 양입니다. 전 세계 에너지 수요의 약 18%를 수소에너지가 담당하게 되는 것으로 탄소에너지 중심의 사회가 점차 수소에너지 중심의 사회로 변하게 될 것이라는 사실을 예측할 수 있습니다.

맥킨지가 발표한 보고서에 따르면 2050년경 세계는 수소사회 진입 효과로 연간 60억 톤의 온실가스 배출량을 줄일 수 있으며, 수소 생태계라는 2.5조 달러 규모의 새로운 시장이 창출되고 전 세계적으로 약 3,000만 개에 달하는 새로운 일자리가 생길 것으로 보고 있기에 수소 연료전지를 개발해야 합니다.

2050 글로벌 수소 경제 효과

에너지 수요 비중
약 **18**%
H2

연간 CO₂ 저감
60억 톤
CO₂

연간 시장가치 창출
2.5조 달러
₩

누적 고용효과
3,000만 개

출처 : 맥킨지

04

화학공학 계약학과

구분	학교명
고등학교	여수석유화고 공정설비과(전남 여수시)
	강서공업고 스마트케미칼과(서울 강서구)
	경남공고 화학공업과(부산 부산진구)
	경북공고 신소재섬유화학과(대구 중구)
전문대학	울산과학대 환경화학공업과(울산 동구)
	인하공전 화공환경과(인천 남구)
	동의과학대 화학공업과(부산 부산진구)
	부산과학기술대 정밀화학과(부산 북구)
	경남정보대 신소재화학공학과(부산 사상구)
	구미대 환경화학공학과(경북 구미시)
	동양미래대 생명화학공학과(서울 구로구)
대학교	서울대 화학생물공학부
	한국과학기술원(KAIST) 생명화학공학과
	포항공과대(POSTECH) 화학공학과
	연세대 화공생명공학과
	고려대 화공생명공학과
	서강대 화공생명공학과
	성균관대 화학공학/고분자공학부
	경북대 나노소재공학부 에너지화공전공
	금오공대 에너지·화학공학전공
	대전대 환경공학·응용화학학부
	영남대 에너지화공전공

대학교	전북대 화학공학부(에너지화학공학전공)
	한국기술교육대 에너지신소재화학공학부

화학공학과는 전통적인 산업인 석유산업, 즉 정유 및 석유화학(석화) 산업을 토대로 발전한 학과입니다. 그러다 보니 예전에는 커리큘럼이 석유화학을 위한 과목으로 구성되어 있었습니다. 하지만 최근에는 석유화학뿐만 아니라 반도체, 디스플레이, 배터리, 화장품, 바이오, 엔지니어링 및 플랜트 등 다양한 분야에 대한 연구로 확장되고 있습니다. 특히 배터리에 관련된 지식 부분이나 신재생에너지에 관련된 과정을 특화시키는 학교들이 생겨나고 있어요.

여수석유화학고 공정설비과의 경우는 석유 화학공장의 설비를 유지·보수할 수 있는 기계장비 설치 및 정비원, 플랜트 배관원, 용접원, 비파괴검사원 등의 직무 분야 영마이스터를 양성하고 있습니다. 그리고 포스코 케미칼과 '차세대 배터리 산업 전문인력 양성을 위한 산학협력 협약(2021년 10월)'을 체결했어요. 이번 협약을 통해 양 기관은 배터리 산업 분야의 실무인력 육성, 교육환경 조성, 취업 지원 등을 위해 다각적으로 협력하기로 했습니다.

양극재 : 이차전지의 구성 요소 중 하나로 리튬 이온 배터리의 용량과 평균 전압을 결정한다. 리튬 이온 배터리 양극재의 기본형은 LCO(리튬·코발트·옥사이드)이며 소형 이차전지에 가장 많이 쓰인다. 전기차 배터리에 가장 많이 활용되는 양극재는 NCM(니켈·코발트·망간)이다. 이것은 'LNCMO'라고도 표현된다.

포스코케미칼은 임직원이 강사로 참여해 배터리 소재에 특화된 공정 기술 교육 프로그램과 양극재 공장에서의 현장 실습 기회를 제공해 졸업생이 관련 분야에 취업할 수 있도록 노력하고 있어요. 이를 통해 포스코케미칼은 제조 현장에 필요한 실무 인력 확보에 도움을 받을 수 있고, 지역사회 내 일자리 창출과 배터리 산업의 경쟁력 향상에도 기여할 수 있게 되었답니다.

강서공업고 스마트케미칼과는 친환경에너지화학과로 친환경에너지 소재를 제조하는 전문 인력을 양성하고 있어요. 다양한 전공동아리를 통해 관심 분야나 취업에 한 발 더 다가갈 수 있도록 공기업대비반과 취업반을 운영하고 있어요. 공기업대비반은 고졸 화공 및 환경직 공무원 시험에 대비할 수 있고, 환경화공전문취업반은 친환경 우수 기업체의 채용준비를 교사와 같이 진행하고 있습니다. 이 외에도 화학제품 제조반, 중소기업취업반, 생활속화학반 등을 운영하고 있지요.

이처럼 화학·에너지·배터리에 관심이 많은 학생들은 고등학교 때부터 관련된 공부를 하는 것도 좋을 것 같아요.

울산과학대학교 화학공학과는 인류의 행복과 혁신경제를 선도하는 화학산업을 위해 전문지식과 기술을 바탕으로 화학제품 생산 및 유지운영 직무를 창의적으로 수행할 수 있는 능력과 태도를 갖춘 글로벌 현장 실무형 전문인을 양성하여, 석유화학 산업의 국내 최고의 화공 기술 전문 인력을 배출하고자 하는 목표를 가지고 운영하고 있습니다.

화공장치, 화공안전, 정밀화학, 화공공정 운전 과정으로 4가지 트랙을 운영합니다. 또한 전문적인 실무능력을 기르기 위해 화학기기실, 화공공학실험실, 공정안전실험실, OTS실험실, 공정모사실험실, 공정제어실험실, 물리화학실험실, 분석화학실험실, 제조화학실험실, 화공플랜트실험실을 운영하고 있습니다. S-Oil 생산직 신입사원을 대상으로 기초 역량 교육 및 평가를 하고 있어 취업시에도 유리합니다. 사회맞춤형 산학협력선도대학(LINK+)로 선정되어 SK, 삼성전자, 삼성디스플레이, 효성 등의 우수 기업에서 현장체험학습을 진행할 수 있습니다.

05

화학공학 교육과정

① 인하공전 화공환경과

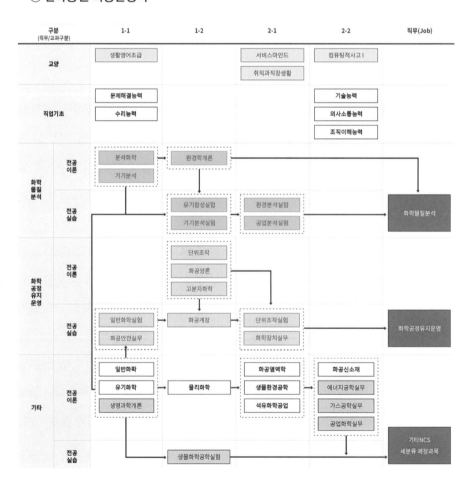

인하공전 화공환경과의 교육과정을 살펴보면 취업과 연계된 NCS 직무교육 중심으로 화학물질 분석과 화학공정 유지관리라는 2분야를 토대로 교육을 진행합니다. 기타 연계과정으로 바이오 전공 교과과정을 포함해 포괄적인 내용을 배울 수 있어요. 전체 약 70% 정도의 NCS 교과과정으로 수업을 진행하고 있습니다.

이렇게 이루어진 2년제 화공환경과 전문학사학위과정 외에도 2019년도부터는 전공심화 과정을 개설해 화공환경공학과라는 4년제 학사학위를 받을 수도 있어요.

고등직업교육 공유 교육서비스 K-MOOC 직업교육 콘텐츠에 개방형 미래융합인재양성 플랫폼인 'ITC-eLIVE(Inha Technical College-eLearning In Vocational Education, http ://elive.inhatc.ac.kr)'를 구축했습니다. 인하공전의 우수한 고등직업교육 디지털콘텐츠(드론을 이용한 ICT 융합실무 등) 247건에 대해 웹·모바일 환경의 디바이스 제한 없이 언제, 어디서, 누구나 접근해 학습할 수 있어요.

뛰어난 디지털콘텐츠 제작 스튜디오와 강의녹화시스템, 온라인콘텐츠 편집실을 겸비하고 있기 때문에 코로나 팬데믹 상황에서도 수준 높은 교육을 받을 수 있습니다. 이러닝 시스템과 실시간 화상강의 시스템(Webex), 개방형 직업교육 플랫폼 ITC-eLIVE, 콘텐츠 관리시스템 등 다양한 온라인 학습시스템을 운영해 2020년 1학기 1915개 정규 교육 강좌 비대면 수업 운영을 차질 없이 성공적으로 진행했으며, 2학기 2047개 정규 교육 강좌를 운영합니다.

4차 산업혁명에 대비해 현장 중심, 창의융합 교육으로 미래사회의 창의인재를 양성하고 있으며, 취업에 대해 단계별 맞춤형 수업을 진행하고 있어요. 실질적인 구직활동을 지원하고 있으며, 학교에서 만든 온라인 학생이력관리시스템인 '일자리(ILJARI)'를 통해서 학생 이력 맞춤형 채용정보를 제공합니다.

이처럼 미리 준비된 직업을 양성하다 보니 교수-학생-지역산업체와의 R&DB 사업을 꾸준히 진행할 수 있고, 매년 20억 원 이상의 연구 수탁을 진행하고 있습니다. 학생들은 시제품 제작 등의 심화교육을 통한 자기계발을 꾀하고, 지역산업체는 협업을 통한 핵심기술 개발과 함께 우수 인재를 확보하는 일거양득의 효과를 얻을 수 있습니다.

② 경북대 나노소재공학부 에너지화공전공

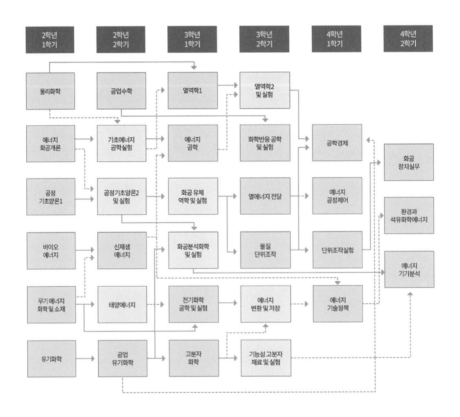

경북대 에너지화공학과의 경우는 석유화학 산업을 기반으로 하는 전통적인 화학공학의 영역에서부터 에너지와 환경(ET), 반도체공학(IT), 고분자와 전자재

료 등을 포함하는 나노재료공학(NT), 생명공학(BT) 등과 같은 첨단기술의 영역으로 폭넓은 분야까지 배울 수 있는 전 분야의 공학을 공부할 수 있어요.

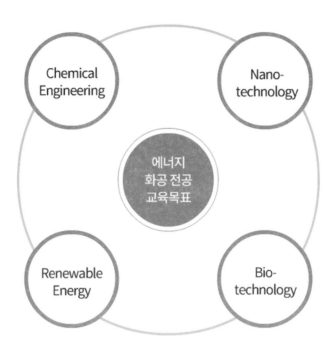

연구되는 분야는 BK21 사업과 지역선도연구센터 사업에 선정되어 약 7년간 120억 원의 연구비를 확보하고 연구를 진행하고 있어요. '산소중립 지능형 에너지시스템 지역혁신 선도연구센터'를 설립해 에너지 변환, 수송, 저장이 가능한 올인원 에너지시스템을 연구하고 있으며, 이를 기반으로 탄소건축물이나 스마트 팜 응용을 위한 전력 운용 모델을 만들고 있습니다.

③ 한국기술교육대 에너지신소재화학공학부

1-1	1-2	2-1	2-2	3-1	3-2	4-1	4-2
수학적사고	기초 미적분학	공학수학1	공학수학2		공학설계 (캡스톤 디자인)	졸업설계 (캡스톤 디자인)	HRD 현장실습
물리적사고1	문제해결 프로그래밍	재료 공학실습1	재료 공학실습2	재료조직 및실습	재료강도학	재료 정보처리	재료전산 모사및실습
물리실험1	물리적사고2	CAD실습	에너지공학	재료기기 분석및실습	전자기 재료학1	제련제강 공학	플라즈마 공학
화학적사고1	물리실험2	재료과학1	재료과학2	반도체 공학및실습	세라믹 재료및실습	자동차 재료학	유기전자 재료및실습
화학실험1	화학적사고2	기초전기 전자실습	열물질이동	주조응고 및실습	표면공학 및실습	OLED 실습	상변태학
물리학1	화학실험2	금속재료학	재료물리학	디스플레이 공학개론	에너지소자 기초및실습	연료전지 응용및실습	전자기계 맴스재료 및실습
컴퓨팅사고	창의적공학 설계	분석화학	재료열역학	재료전기 화학및실습	결정구조학	전자기 재료학2	공학설계와 특허
	산업안전	소재계측 시험및실습		태양전지 공학및실습	분체가공 및실습	전기화학 전산모사 및실습	신소재AI
			재료화학	비정질 재료학	용접접합 공학	나노기술과 재료	스마트소재
				산업채 취.창업 특강	전기화학	환경공학	
						배터리공학	

에너지신소재공학전공은 금속, 세라믹, 고분자, 반도체, 자성체, 정보통신 등의 소재에 대한 기본 이론과 에너지 고갈 대비와 청정에너지, 신재생에너지, 수소에너지, 에너지 저장기술 등 다양한 교육을 진행합니다.

한국기술교육대의 매력은 다양한 실험실을 경험할 수 있다는 것입니다. 먼저 광에너지변환소재 실험실은 전기화학을 기반으로 광에너지 활용이 가능한 소재 및 소재 개발에 관한 연구를 수행합니다. 대표 분야로는 스마트윈도우로 전압을 가해 소재의 색이나 투명도를 변화시키는 기술을 연구합니다.

공용장비센터는 첨단연구장비를 기반으로 기업과 공동 활용이 가능한 시설 및 인프라를 구축하고 있지요. 실험이나 실습지원을 통해 소재분석 실험이나 관련 기술을 습득할 수 있어요.

이처럼 다양한 연구가 가능한 이유는 활용한 가능한 장비가 무려 100종 이상이나 되기 때문에 세계 최초 '전기장에 의해 형상이 변화하는 렌즈' 등의 연구도 할 수 있었습니다.

06

화학공학과를 위한 과목 선택

2022 개정교육과정에서는 융합선택과목과 진로선택과목으로 세분화되어 자신이 전공하고자 하는 분야에 대해 깊이 배울 수 있도록 선택과목의 폭을 넓혔습니다.

교과	선택과목		
	일반선택	융합선택	진로선택
국어	화법과 언어 독서와 작문 문학	독서 토론과 글쓰기 매체 의사소통	주제탐구 독서 문학과 영상
수학	대수 미적분I 확률과 통계	실용통계 수학과제 탐구	미적분II 기하 인공지능 수학 심화수학I, II 고급수학I, II
영어	영어I 영어II 영어독해와 작문	실생활 영어회화 미디어 영어	영어 발표와 토론 심화영어 심화영어 독해와 작문
사회	사회와 문화 현대사회와 윤리	역사로 탐구하는 현대세계 사회문제 탐구	도시의 미래 탐구 법과 사회 윤리와 사상
과학	물리학 화학 생명과학 지구과학	과학의 역사와 문화 융합과학 탐구 물리학실험 화학실험	역학과 에너지 물질과 에너지 화학반응의 세계 고급물리학 고급화학 과학과제 연구

교양	논리학 진로와 직업 논술		지식재산 일반

예나 지금이나 화학공학과는 인기 있는 학과로 많은 학생이 화학공학전문가를 꿈꾸고 있어요. 화학공학과의 경우 일상 속 다양한 물질을 화학적, 물리적 조작을 통해 재가공해 나노소재, 환경, 에너지 등 다양한 첨단 융·복합 분야를 다루기 때문에 진로 또한 다양합니다. 최근에는 바이오와 나노기술의 접목으로 기존 화석연료를 대체할 첨단 에너지원의 개발의 필요성이 대두되면서 에너지 관련 연구를 하는 화학공학과도 생겨나고 있어요.

☑ 이렇게 전망이 좋은 학과를 지원하기 위해서는 어떤 과목을 선택하는 것이 좋을까요?

화학공학과는 일반화학과 유기화학뿐만 아니라 물리화학, 열역학, 유체역학, 나노화학, 신재생에너지까지 배우기 때문에 물리 과목이 매우 중요합니다. 대부분 학생이 화학공학과라서 화학과 생물만 잘하면 될 것이라고 착각하는 학생이 많은데 꼭 학과 교육과정을 보고 지원하는 것이 좋을 것 같아요.

우선 제일 중요한 수학 과목은 앞 파트의 원자력공학과의 자료를 참고하면 좋을 것 같아요. 상미분방정식은 우리가 알고 있는 미분과 적분을 활용해 순간적인 현상의 위치를 찾을 수 있어요. 많은 실험의 결과를 분석할 때 사용돼요. 또한 함수는 미분방정식을 풀기 위한 수학적 도구인데 라플라스 변환을 이용하면 미분방정식을 대수방정식으로 바꾸어 빠르게 해를 구할 수 있습니다. 미적분을 배운 친구들은 그리 어렵지 않게 수식을 공부할 수 있기 때문에 관련 내용이 나오면 도전해 보는 것도 좋아요.

화학공학과 외에도 공대를 지원하는 친구들이 많이 공부하는 것이 선형대수학입니다. 특히, 인공지능의 발달로 더 중요해졌어요. 그러다 보니 행렬을 교육과정에 포함시킬지 아니면 학업 경감을 위해 빼야 할지 새로운 교육과정이 만들어질 때마다 이슈가 되는 부분이었어요.

공대에서 배우는 선형대수학은 행렬의 계산방식 위주에 비중을 두고 있기 때문에 그리 어렵지는 않아요. 기하의 벡터를 배운 후 이 내용을 활용해 변수를 고려한 심화활동을 해보는 것도 좋을 것 같아요.

과학 과목 중에서 고급화학이나 고급물리학 같은 이론적인 공부도 중요하지만, 화학 실험, 물리학 실험을 수강하면서 실험능력을 향상시키는 것도 좋습니다. 실험과목을 듣게 되면 하루 이틀에 마무리되는 실험보다는 한 학기 프로젝트로 하나의 주제를 오랫동안 탐구하는 경우를 추천합니다. 교과서에 응용된 실험이나 교과서 외 실험들도 할 수 있는 기회를 얻을 수 있어요. 특히, 교과와 연계해 동아리활동이나 진로활동에서 심층적으로 탐구를 하고, 탐구결과 발표를 통해 자신의 배경지식도 넓힐 수 있는 장점도 있기에 실험 수업을 듣는 것을 추천합니다.

이공계 위주의 수업만 들으면 인문학적 소양이 부족해질까 걱정하는 학생들이 있을 것입니다. 공학자의 윤리를 위해 '윤리와 사상' 과목을 통해 자신의 생각을 표현하는 에세이나, 그룹식 토론수업 및 발표수업 등을 많이 진행하고 있어요. 이때 과학·공학자로서 갖추어야 할 윤리와 인공지능 기술을 접목할 때 고려해야 할 사항에 대해 깊이 있는 사고를 통해 차별화된 세특을 만들 수 있을 것입니다. 또한 '독서토론과 글쓰기', '매체 의사소통', '주제탐구 독서' 과목을 선택해서 자신의 진로에 관한 다양한 지식을 책과 매체를 통해 습득하고, 이렇게 습득한 지식을 글로 작성하여 교지에 기고하거나 급우들에게 알려주면서 지식을 확장시켜나갈 수 있을 것입니다. 특히, 독서를 활용하여 그 글의 작가의 생각과 자신의 생각을 비교할 수도 있고, 자신의 성장된 모습들을 보여줄 수 있어요.

또한 글을 읽고 난 느낌들은 4컷 만화나 UCC 제작, SNS 홍보, 캠페인 활동 등을 할 수 있어요. 대학에서 원하는 융합적인 인재가 되기 위해 과학적 소양과 인문학적 소양을 쌓기 위해 해야 할 공부들이 너무 많아요. 앞에서 설명한 교과목 중에 관심 있는 내용들을 보고 하나씩 계획을 세운다면 그리 어렵지는 않을 거예요.

07

화학 관련
재미있는 탐구활동

① 물 전기분해를 통한 수소 생산 탐구

소수는 물을 통해 얻을 수 있습니다. 이때 일반 전기를 이용하는 방법과 신재생에너지를 활용해 전기를 생산하는 방법을 비교하고 그 효율을 알아보는 탐구를 할 수 있습니다.

→ 태양광발전, 풍력발전, 열전발전, 전기 등을 이용해 수소 발생량 비교하는 탐구활동

기사명		관련 영역	
주제명			
읽게 된 동기			
탐구 내용			
느낀 점			
추후 심화 활동			
학생부 브랜딩			

② 축전지 종류에 따른 전기용량 탐구

현재 시중에서 판매되는 축전기의 종류에 따라 전기용량이 다르다는 기사를 보고, 제품의 종류에 따른 전기용량의 이론적인 값과 실험값의 차이를 알아보는 탐구를 할 수 있습니다.

→ **한국산, 중국산, 일본산 기반 축전지에 따른 전기용량을 비교해 보는 탐구활동**

기사명		관련 영역	
주제명			
읽게 된 동기			
탐구 내용			
느낀 점			
추후 심화 활동			
학생부 브랜딩			

③ 스마트폰의 충전상태 탐구

스마트폰 배터리가 100% 충전이 다 됐다고 표시하는 초록색 불이 켜져 있다고 완충된 것이 아니라는 기사를 보고, 기기마다 얼마 정도 충전이 되었을 때 100% 충전되었다고 표시되는지 알아봅니다. 또는 지속적으로 충전하는 것이 좋은지, 아니면 어느 정도 충전하는 것이 좋을지 알아보는 탐구를 할 수 있습니다.

→ 리튬이온전지, 리튬폴리머전지 등 여러 종류의 배터리를 활용해 100% 충전 표시가 떴을 때 어느 정도 충전이 되었는지 확인하고, 어느 정도까지 충전할 때 완충이 되는지 알아보는 탐구활동

기사명			관련 영역	
주제명				
읽게 된 동기				
탐구 내용				
느낀 점				
추후 심화 활동				
학생부 브랜딩				

태양광 발전

01

태양광 발전의
무궁무진한 활용 분야

    태양광은 대량으로 사용해도 고갈되지 않는 자원이며, 친환경·무공해 에너지입니다. 이러한 태양광 에너지를 활용하는 가장 일반적인 방법은 전기를 생산해 가정이나 공장 등에서 사용하는 것이죠. 이 밖에도 독특하고 창의적인 방식으로 활용하는 사례도 늘고 있어요.

    미국 텍사스 주 오스틴(Austin) 지역에는 '태양광 해바라기(Solar Sunflower)'라는 놀라운 설비로 시민들에게 시원한 그늘을 제공할 뿐만 아니라 낮에 모아둔 태양에너지로 밤에는 파란색 LED 빛을 밝히고, 쓰고 남은 전기는 그리드로 보내져 설비 유지비용을 충당하고 있습니다.

출처 : 태양광 해바라기_GE코리아

유리 예술가 사라 홀(Sarah Hall)의 작품 속의 태양광 유리는 태양전지(Solar Cell)로 만든 빛으로 건물 내부의 유리를 아름답게 꾸며줄 뿐만 아니라 전기를 생산해 공용전기료를 낮춰주고 있습니다.

출처 : 사라 홀 작품_GE코리아

태양광 페인트는 기존 태양전지판의 3분의 1 정도의 가격으로 40%의 효율을 달성하겠다는 목표를 가지고 연구한 제품입니다. 이 태양광 페인트를 이용하면 더 넓은 스펙트럼의 빛으로부터 에너지를 흡수할 수 있어 많은 양의 전기를 생산할 수 있어요.

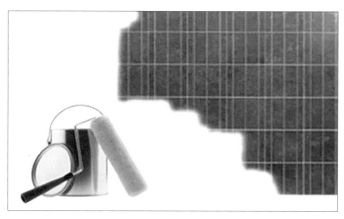

출처 : 태양광 페인트_GE코리아

02

태양광 발전의
패러다임의 변화

태양광 패널은 전기를 생산한다는 장점이 있지만, 시커먼 색깔 때문에 시선을 방해한다는 단점이 있어요. 이러한 단점을 보완한 투명한 태양광 패널이 만들어졌습니다. 태양전지 효율보다는 낮지만, 얇으면서 투광성도 갖춰 건물 창호나 자동차 등에 다양한 활용이 가능해요.

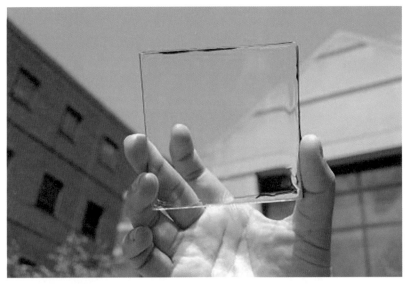

출처 : 투명한 태양광 패널_미시건 주립대학

투명 태양전지는 전면으로 10%, 양면으로 15% 정도의 효율을 만들 수 있습니다. 투명한 필름에 전등을 비추자 빛을 받은 부분이 어둡게 바뀌어 유리에 적용하면 낮에는 어두워졌다가 밤에는 자동으로 밝아지는 '스마트 윈도우'가 되는 구조입니다.

투명 태양광패널의 응용

투명 태양광패널은 집은 물론 빌딩, 자동차 등
모든 유리창이 있는 곳에 응용이 가능하며 이 기술이
도입될 경우 미국 에너지의 40% 공급이 가능해집니다.

출처 : 충북직업전문학교

KETI가 개발한 창호형 고효율 투명 태양전지는 기존 건물 일체형 태양광 발전(BIPV) 방식의 어려움을 해소할 뿐만 아니라 유리에 붙여 사용할 수도 있어요. 투명하면서 전기까지 생산하고, 열에너지 보전 기능을 동시에 수행할 수 있는 장점이 있답니다.

KETI : 한국전자기술연구원(Korea Electronics Technology Institut)은 산업통상자원부 산하 전자 및 정보산업 연구기관이다.

출처 : 창호형 투명 태양전지(왼쪽)와 일반창호_KETI

한국은 차세대 태양전지인 '페로브스카이트 태양전지'에서 세계 선두를 달리고 있어요. 현재 최고 효율인 25.7%도 울산과학기술원(UNIST)이 세운 기록입니다. 이는 0.1㎠ 이하의 소면적 셀에서 최고 효율이며, 25㎠와 64㎠, 200㎠ 면적의 서브모듈에서 각각 21.66%와 20.55%, 18%의 효율을 냈습니다.

페로브스카이트가 태양광 발전에 불러올 3가지 큰 변화로는 먼저 비용이 저렴합니다. 기존 태양전지 셀에 쓰이는 폴리실리콘은 1,000℃ 이상의 열처리가 필요했지만, 페로브스카이트는 130~400℃에서 가공이 가능합니다. 또 폴리실리콘보다 전자의 이동이 쉬워 기존 태양광 패널보다 20~500배까지 얇게 만들 수 있어 가공비용과 재료비를 아낄 수 있습니다.

두 번째는 높은 발전 효율입니다. 페로브스카이트 단독 태양전지의 한계효율은 38.7%, 탠덤 태양전지는 43%의 효율까지 끌어올릴 수 있을 것으로 내다보고 있어요. 세 번째는 반투명성과 유연성입니다. 즉, 지금까지는 건물 옥상이나 사막, 산을 깎아 만든 얕은 경사면 등에 태양광 패널을 설치해야 했지만, 얇고 투명한 페로브스카이트는 어디에나 코팅해 태양광 발전을 할 수 있어요. 심지어 건물 외벽은 물론 자동차 외부, 심지어 스마트폰 화면과 케이스를 이용해서도 가능합니다.

03

태양광 발전 개발의
필요성

정부는 2030년까지 재생에너지를 20%로 확대하겠다고 발표했습니다. 친환경적이고 안전한 신재생에너지 중에서 태양광 발전은 발전원가가 하락하는 유일한 전력원이고, 유지보수가 쉽고, 보수비용이 매우 적다는 등의 이유로 각광받고 있어요.

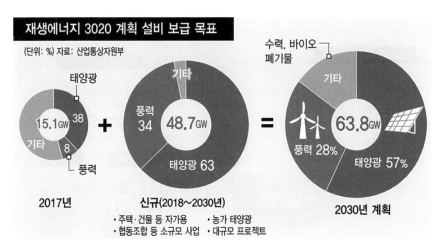

출처 : 산업통상자원부

☑ **태양광 발전 중에서 가장 효율이 좋은 것은 무엇인가요?**

페로브스카이트 태양전지는 실리콘 태양전지와 비교하면 효율이 매우 높아서 고효율 에너지 생산 기술로 주목받고 있어요. 하지만 페로브스카이트 태양전지는 물에 약한 수분 취약성이라는 고질적 문제가 있어 태양전지의 효율이 감소할 수 있어요.

이 문제를 해결하기 위해 '스프레이 방수 선크림'을 개발했어요. 물을 밀어내는 성질을 강화한 유기금속을 '초음파 스프레이 방식'으로 전지에 입히는 기술이에요. 전지에 유해한 자외선은 막고, 전력을 생산할 수 있는 형태의 가시광선으로 바꿔 줄 수 있어 **광전효과**도 높일 수 있답니다. 이는 마치 우리의 피부를 자외선으로부터 보호하기 위해 선크림을 바르는 것과 같아요. 유기금속의 발수성을 강화하는 방식으로 수분과 자외선을 효과적으로 막아주기 때문에 효율성이 뛰어납니다.

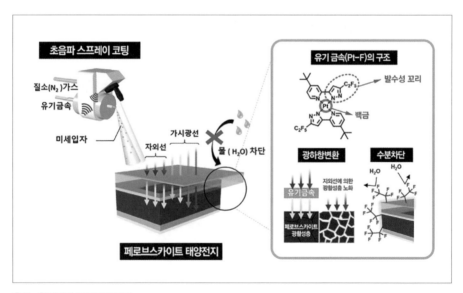

출처 : 한국전력 블로그 굿모닝

04

에너지공학 계약학과

구분	학교명
고등학교	충북에너지고 태양전지과(충북 청주시)
	울산에너지고 신재생에너지과(울산 북구)
	대구전자공고 전자전기계열(대구 달서구)
	장성하이텍고 전기전자제어과(전남 장선군)
	강릉정보공고 신재생에너지과(강원 강릉시)
전문대학	동원과기대 전기에너지과(경남 양산시)
	구미대 전기에너지과(경북 구미시)
	포항대 전기에너지과(포항시 북구)
	충북도립대 전기에너지시스템과(충북 옥천군)
	영진전문대 신재생에너지전기계열(대구 북구)
	군장대 신재생에너지화공계열(전북 군산시)
	전남도립대 신재생에너지전기과(전남 담양군)
	전주비전대 신재생에너지과(전주 완산구)
	한국폴리텍대 인천캠퍼스 전기에너지시스템(인천 부평구)
	한국폴리텍대 광명융합기술교육원 전기에너지시스템(경기 광명시)
	한국폴리텍대 청주캠퍼스 신재생하이브리드(청주 흥덕구)
대학교	건국대학교 미래에너지공학과
	고려대학교 융합에너지공학과
	서울대학교 에너지자원공학과
	이화여자대학교 기후·에너지시스템공학전공
	중앙대학교 에너지시스템공학부

대학교	부산대학교 –나노에너지공학과, 바이오환경에너지학과
	울산대학교 전기에너지공학전공
	한국공학대학교 에너지·전기공학과
	경상국립대학교 에너지공학과

에너지공학과는 대부분 신재생에너지과와 에너지자원공학과로 나뉘는 경우가 많은데 신재생에너지과는 신재생에너지를 공부하고, 에너지자원공학과는 광물과 관련한 자원을 개발하는 방법과 에너지를 효율적으로 획득하는 방법에 대해 공부합니다. 이렇게 다양한 분야를 다루다 보니 학교에서 어떤 내용을 배우는지 교육과정을 확인하는 것이 중요해요.

에너지공학과 학생들은 추가적으로 화학공학과 환경공학을 공부하고 싶어 부전공이나 복수전공으로 선택하기도 합니다.

충북에너지고의 경우는 이차전지과, 태양전지과를 개설해 교육하고 있어요. 우리도 알다시피 이차전지는 요즘 한창 '핫하다'는 전기자동차의 '심장'으로 불립니다. 환경오염 없는 배터리로 작동하는 전기자동차는 당연히 대기업 및 미래기업들이 주목하는 차세대 핵심 산업입니다. 이차전지과에서는 이차전지의 이론과 모듈제작, 설비의 설치, 검사, 유지보수, 모니터링에 초점을 맞춰 교육하고 있습니다.

태양전지과는 온실가스 등 환경오염이 갈수록 심각해져 가는 상황에서 공해 없이 사용할 수 있는 태양전지의 기본적인 이론에서부터 태양광 발전소 설계 및 시공, 모니터링, 운영유지·보수 등 실무능력까지 겸비한 전문인을 양성하고 있어요. 또한 기술영재교육과 산업체와의 MOU를 체결해 수준 높은 교육과 실무능력을 함양할 수 있도록 노력하고 있어요. 또한 SW 핵심기술을 집중적으로 교육하고 있어 설계 분야에서도 업무를 수행할 수 있습니다.

울산에너지고는 전기에너지과, 신재생에너지과를 운영하고 있으며, 전력전자, 전력설비, 설비예방관리, PLC제어, 자동화설비, 발전설비실무, 송변전실무, 배전실무, 전기설비실무, 태양전지, 자동제어과정 등 첨단기기 및 설비를 활용한 현장 실무 중심의 맞춤식 실무 능력을 배양하고 있습니다.

학생주도형으로 스스로 기획, 설계, 제작을 하여 배운 지식을 바탕으로 참신한 아이디어와 융합된 프로젝트 작품을 제작하는 기회를 제공하고 있어요. 삼성전자 DS분야 마이스터고 장학생을 운영하여 상위 30% 이내 지원자를 선발하여 생산설비의 유지와 보수, 운영을 담당하는 역할로 지속적으로 8명 정도 채용되고 있습니다. 산업체 마이스터-영 마이스터 멘토링을 통해 전공지식과 취업 정보, 현장에서 바로 적용할 수 있도록 도와주는 프로그램을 운영하고 있습니다. 현장실습 과정을 운영하여 실무능력을 배양하고 있으며, 에너지 산업 발전을 위한 취업역량 증진과 우수인재 양성을 위해 원전현장인력양성원과 원전기술인력 양성을 위한 업무협약을 체결했어요.

이 외에도 많은 특성화 고등학교들이 다양한 프로그램으로 에너지 관련 교육과정을 개설하고 취업을 위한 노력을 하고 있답니다.

05

에너지공학 교육과정

① 구미대 전기에너지과

	1-1	1-2	2-1	2-2	
교육과정	전공기초과목과 다양한 교양과목 수강	직무능력향상교육(NCS), 자격증 기초과목	실무능력강화교육, 자격증 필수과목	에너지설계 및 자동화교육, 전기에너지 설비관리 실무교육	
맞춤 취업스펙 지도	개인별 생활기록부를 바탕으로 한 개별 취업전략 구축	전담교수제를 기반으로 한 맞춤 포트폴리오 제작	자기소개서/이력서 사전작성, 진로인성검사 및 공모전 진행	학교 취업 관련부서와 연계한 취업 및 면접특강 진행, 취업관리	졸업 후 지속적 학생관리를 통한 취업관리 및 미스매칭 관리
전기관련 자격증 취득전략	취득전략1. 학기 중 및 방학기간 취득전략2. 자격증 책임 전담교수제 실시 (2학년 1학기 자격증 취득) 취득전략3. 학과 수업 커리큘럼의 자격증 시험과목과 매칭진행 취득전략4. 우수한 교수님들의 맞춤형 강의 및 실무능력 향상을 통한 취득율 상승 건축전기설비기술사, 전기안전기술사, 발송배전기술사, 소방기술사 자격을 보유하신 교수님의 족집게 특강				

구미대 전기에너지과는 변화하는 시대에 맞게 교육과정을 구성하였어요. 정부의 저탄소 녹색성장동력사업 추진 정책에 따른 경북의 에너지 클러스터 조성 정책과 구미의 반도체산업을 바탕으로 한 LED산업 등 다양한 분야에서 임무를 수행할 수 있어요. 이에 따라 전기에너지과는 경북지역 전략산업과 구미국가공단의 에너지 산업 구축을 담당할 기술자를 양성하기 위해 신재생에너지교육센터를 구축해 에너지 기술교육을 추진하고 있어요.

또한 졸업생은 LS전선을 비롯 SK, LG, 포스코, 코오롱, 도레이첨단소재 등 대기업 취업률 30% 이상을 유지하고 있어요. 취업유지율도 90%가 넘으니 취업에 대한 만족도가 높은 학교입니다.

사회맞춤형 산학협력 육성사업(LINK+)과 체계적인 현장 실무중심교육을 통해 학생들 취업에 큰 도움을 주고 있어요. 특히, 2021년 구미시에 2차전지 글로벌 선두기업인 LG화학의 연간 6만 톤 생산규모 양극재 공장을 착공하고, 관련 기업들이 대거 투자를 확대하고 있어 기업맞춤형 전문인력 육성을 위해 노력하고 있어요. 수변전 실습, 시퀀스제어실습, 에너지 변환기기 제어실습, PLC제어실습 등 최첨단 실습 설비를 구축해 전기에너지 전문인으로 성장할 수 있는 최적의 교육환경을 만들었답니다.

② 고려대학교 융합에너지공학과

과목	학점	과목 소개
융합에너지공학 실험실습I	1	전자기 에너지의 저장 및 발전소자와 시스템의 구동원리를 이해하고 시뮬레이션할 수 있는 기본 소양을 배운다.
융합에너지공학 실험실습II	1	태양/열/음파를 포함한 파동에너지의 수확 원리를 실생활의 공학적 예를 통해 이해하고 시뮬레이션할 수 있는 기본 소양을 배운다.
지속가능한 에너지	3	에너지 생산 및 소비에 따른 사회경제적, 환경적 영향을 다양한 사례를 통해 직접 분석해 본다. 지구의 한계 및 글로벌 환경문제를 고려할 때 지속가능한 에너지란 무엇인지 개념을 정립한다.
에너지과학기술 입문	3	에너지 종류별 과학이론 및 기술에 대한 전반적인 개념과 응용에 대해 배운다.
에너지 미적분학	3	융합에너지공학을 학습하는 데 요구되는 수학적 배경지식과 기초적인 미적분학을 다룬다. 도함수, 적분, 편도함수, 벡터해석 등의 내용을 다룬다.
에너지 화학	3	에너지 재료/소자의 화학적 메커니즘 이해 및 기초적인 합성 방법 이해를 위한 지식의 습득을 목적으로 한다. 화학작용기에 따른 오비탈의 변화 원리를 이해하고, 분자 내 또는 분자 간 에너지 흐름에 대해 학습한다.

에너지 열역학	3	에너지의 이용, 발생, 변환 및 저장에 필요한 기초 전기화학의 이론과 전기화학 셀의 설계 및 측정방법에 대해 폭넓게 강의한다. 물분해, 연료전지, 태양전지 및 이차전지 등 전기화학시스템을 학습하기 위한 기초 역량을 학습한다.
생명공학	3	현대 생명과학의 기본개념을 바탕으로 의학 및 생명공학 응용의 이해를 목표로 한다. 생명공학 기술의 다학제적 이해를 위해 생물물리학적 실험 기술, 전산 모델링 및 분자디자인을 포함한 생명현상의 측정, 모사, 바이오시스템 개발 등 실용적 응용이 가능한 의생명 기술의 이론과 실습을 병행할 수 있는 주제들을 학습한다.
에너지 전기화학	3	에너지의 이용, 발생, 변환 및 저장에 필요한 기초 전기화학의 이론과 전기화학 셀의 설계 및 측정방법에 대해 폭넓게 강의한다. 물 분해, 연료전지, 태양전지 및 이차전지 등 전기화학시스템을 학습하기 위한 기초역량을 학습한다.
학부연구생 프로그램I	2	본인이 관심을 갖는 연구를 수행하는 대학원 연구실에 직접 참여하고, 스스로 연구주제를 선정하고 수행하는 학생주도형 프로그램이다. 본 프로그램을 통해 학부 공간 실험실에서 벗어나 연구실 현장에서 능동적으로 지식을 창출하고 경험을 쌓는 리더를 양성하는데 목표를 둔다.
졸업연구생 프로그램I	2	관심 있는 연구 분야의 대학원 연구실 및 지도교수님과 연계해 학업 지도를 받으며 대학생들과 프로젝트 및 관련 연구를 수행하는 프로그램이다. 졸업 전 관심 연구 분야의 실험 또는 시뮬레이션에 대한 경험이 가능하며 학생의 연구역량을 높이는데 기여할 것으로 기대된다.

우리가 알다시피 전 세계가 2030년까지 달성해야 하는 UN의 17가지 지속가능발전목표(SDGs) 중에는 적절한 가격의 청정에너지를 제공하는 에너지 목표를 포함해 기후변화, 지속가능한 도시와 산업, 인프라와 같이 연계된 과제들이 있습니다. 이처럼 지속가능성과 사회의 니즈가 중심이 되는 공학교육과 소재부터 시스템 및 정책까지 이해할 수 있는 초융합적 교육이 필요합니다. 고려대학교 융합에너지공학과에서는 이런 인재들을 키우기 위해 다양한 노력을 하고 있어요.

교육과정을 보면 다양한 실습과 미적분학, 화학, 물리(열역학) 등을 배웁니다. 이뿐만 아니라 생명공학을 배워 바이오 시스템까지도 연구하고 있어요.

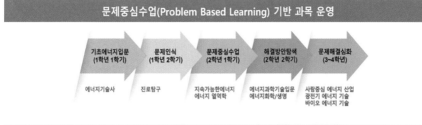

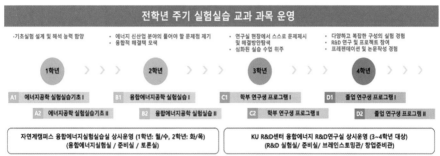

또한 학년별로 교육과정도 잘 구성되어 있어요. 1학년 때는 일반물리·화학·생명과학·미적분학과 같은 기초지식뿐만 아니라 프로그램 언어와 환경에 대한 기본 철학과 인문학적 소양도 배웁니다. 2학년 때는 팀워크와 리더십 함양을 위해 공동실험·실습 과정뿐만 아니라 글로벌 에너지 문제에 대한 의식을 키우며, 공동체, 연구 윤리의식 함양을 위한 연구실 인턴십 프로그램에도 참가합니다.

3학년 때는 융합기술을 에너지에 적용하는 융합에너지 공학인으로서 본격적으로 발돋움하는 시기로 NT-IT-BT 각각의 소재·소자·응용으로 이어지는 최신의 기술적 흐름까지 익혀 에너지나 환경문제에 어떻게 응용될 수 있는지를 공부하게 됩니다. 첨단 실험과 실습을 하면서 융합에너지 공학기술을 직접 체험하게 됩니다. 4학년 때는 에너지기술(ET)과 NT-IT-BT의 융합에 대한 공학적 마인드와 문제해결 능력, 에너지 정책에 대한 이해까지 할 수 있도록 역량을 기르고 있습니다.

③ 중앙대학교 에너지시스템공학부

1-1학기	1-2학기	2-1학기	2-2학기	3-1학기	3-2학기	4-1학기	4-2학기
19.5학점	18.5학점	17학점	17학점	14/14/14학점	14/14/14학점	15/15/15학점	12/12/12학점
괄호=(학점)			교양핵심선택			교양핵심선택	
영어1(2)	앙트레프레너십 시대의 회계(2)	한국사(2)	ACT(2)	영어2(2)			
글쓰기(2)	창의와 소통(2)						
디자인적 사고와 문제해결(2)				열 및 물질전달(3)	열유체 기기설계(3)	발전플랜트계통공학(3)	기계에너지시스템프로젝트(3)
				고체역학(3)	기계에너지실험(2)	유한요소해석(3)	연소 및 환경공학(3)
				동역학(3)	기계진동(3)	전산열유체해석(3)	열시스템설계(3)
					재료거동학(3)		
미적분학(3)	CAD(2)	에너지공학개론(3)		회로 및 시스템(3)	전력시스템공학(3)	전력변환(3)	전기에너지시스템프로젝트(3)
일반물리(2)	선형대수(3)	전산공업수학 II(3)	에너지변환시스템(3)	신호 및 시스템 제어(3)	전기기기(3)	마이크로프로세서 및 응용(3)	스마트그리드공학(3)
일반물리실험 I(1)	일반물리II(2)			전자기학(3)	전기에너지실험(2)	발전시스템제어(3)	전기기기구동(3)
일반화학(2)					전자회로(3)		
일반화학실험 I(1)	일반물리실험 II(1)						
컴퓨터프로그래밍(2)	전산공업수학1(3)						
CAU세미나1(0.5)	CAU세미나2(0.5)						
				원자력공학개론(3)	원자로이론(3)	원자력계통공학(3)	원자력에너지시스템프로젝트(3)
				보건물리(3)	열수력학(3)	신뢰성공학(3)	원자력계통해석(3)
				핵화학 및 재료(3)	핵공학기초실험(2)	원자로동력학 및 제어(3)	원자력안전공학(2)
					핵주기공학(3)		원자력안전규제(1)
에너지기초세미나(1)		에너지와 환경(3)	기초제어공학(3)	에너지계측공학(3)	신재생에너지(3)	에너지시스템설계기초(3)	에너지경제 및 정책(3)
		열유체역학(3)	에너지재료기초(3)				
		회로이론(3)	전산설계기초(3)				

중앙대 에너지시스템공학부에서는 전력산업체 및 발전소 관리자 및 엔지니어링 기술개발 연구자를 양성할 수 있도록 교육과정을 구성하였습니다. 즉, 기계, 전기, 원자력 등 다양한 공학과정의 융·복합 교육과 전문 분야의 특기교육을 실시하고 있어요. 이를 위해 에너지시스템공학의 기본을 갖출 수 있도록 공학의 기본과목인 물리, 화학, 수학, 컴퓨터 응용, 기계, 전기 분야의 기본과정을 수업하게 됩니다.

그리고 에너지와 관련된 전문과정으로 에너지공학입문, 에너지변환시스템, 에너지환경, 에너지경제, 신재생에너지 등 에너지시스템공학 전공자로서 특화된 교육을 받게 됩니다. 또한 전공자의 특기 분야를 강화하기 위해 원자력에너지의 이용에 중점을 둔 원자력 전공, 열에너지의 이용 및 발전과 기계공학 분야에 특화된 발전기계 전공, 전력시스템 운영과 제어, 전기에너지의 응용에 관련해 전기공학 분야에 특화된 발전전기전공 교육을 받을 수 있어요.

이 학부는 원자력, 발전기계, 발전전기 전공으로 나뉘어져 있어요. 원자력전공은 학과명 그대로 원자력발전과 원자력에너지의 이용에 대한 전문교육을 받을 수 있으며, 발전기계전공은 화력, LNG 등 다양한 발전시스템과 열에너지를 활용할 수 있는 교육이 진행됩니다.

마지막으로 발전전기전공은 전력통계, 전력기기 등 전력시스템에 대한 전문교육을 받을 수 있어요.

06

에너지공학과를 위한 과목 선택

2022 개정교육과정에서는 융합선택과목과 진로선택과목으로 세분화되어 자신이 전공하고자 하는 분야에 대해 깊이 배울 수 있도록 선택과목의 폭을 넓혔습니다.

교과	선택과목		
	일반선택	융합선택	진로선택
국어	화법과 언어 독서와 작문 문학	독서 토론과 글쓰기 매체 의사소통	주제탐구 독서 문학과 영상
수학	대수 미적분Ⅰ 확률과 통계	실용통계 수학과제 탐구	미적분Ⅱ 기하 인공지능 수학 심화수학Ⅰ, Ⅱ 고급수학Ⅰ, Ⅱ
영어	영어Ⅰ 영어Ⅱ 영어독해와 작문	실생활 영어회화 미디어 영어	영어 발표와 토론 심화영어 심화영어 독해와 작문
사회	사회와 문화 현대사회와 윤리	역사로 탐구하는 현대세계 사회문제 탐구	도시의 미래 탐구 법과 사회 윤리와 사상
과학	물리학 화학 생명과학	과학의 역사와 문화 융합과학 탐구 물리학실험 화학실험	역학과 에너지 물질과 에너지 화학반응의 세계 고급물리학 고급화학 과학과제 연구

교양	논리학 진로와 직업 논술		지식재산 일반

최근 환경오염 문제와 친환경 에너지에 관심이 많다 보니 에너지공학기술자로 진로를 결정하는 학생들도 많습니다. 에너지공학은 물리학, 전기, 재료 및 화학공학 등의 공학에 기반을 두고 친환경적이고 경제적인 에너지 생산과 활용성에 대한 공부를 하고 있어요. 아마 최종 목적은 오염물질 발생 없고, 재생이 가능한 청정에너지 생산이 아닐까 생각합니다.

☑ **에너지공학과를 희망하는 경우 고등학교 때 어떤 과목을 꼭 들으면 좋을까요?**

에너지공학자도 수학, 물리학, 화학 과목이 중요합니다. 수학 과목에 대한 내용은 앞 파트 원자력공학과에서 소개한 내용을 참고하세요. 여기에 인공지능 수학을 들어보는 것을 추천합니다. 인공지능 수학은 인공지능을 활용해 많은 자료를 분석하고 예측할 수 있는 방법을 공부합니다. 인공지능은 에너지에 관련된 실험들을 수천, 수만 번 분석한 뒤 결론을 도출합니다. 현재 다양한 인공지능 프로그램들이 오픈소스로 공개되어 이를 활용하면 도움이 많이 될 것입니다.

에너지에 대한 관심은 우리나라뿐만 아니라 국제적인 이슈가 되고 있어 사회문제 탐구 과목에서 연구해 보는 것도 좋아요. 발전소에서 에너지를 생산하면서 사회·환경적인 문제를 탐구하는 것을 추천합니다. 또한 '도시미래 탐구'라는 과목을 통해 대규모 발전이 아닌 소규모 발전, 자가발전 등 친환경적인 도시 미래 발전에 관심을 가져보세요.

07

에너지 관련
재미있는 탐구활동

① 솔라 페인트 효능 탐구

벽에 바른 페인트로 전기를 생산할 있는 솔라 페인트는 건물이나 자동차 등 원하는 공간에 칠하는 방식으로 쉽게 만들고, 전기를 자급자족할 수 있습니다. 필요 시 페인트를 덧바르는 형태로 태양전지 패널을 유지, 보수할 수 있습니다. 그 발전효율이 어느 정도 되는지 탐구해 볼 수 있습니다.

→ 재질에 따라 태양광 효능과 덧칠한 정도에 따른 발전 효율 탐구활동

기사명		관련 영역	
주제명			
읽게 된 동기			
탐구 내용			
느낀 점			
추후 심화 활동			
학생부 브랜딩			

② 태양광 자동차 효율 탐구

현재 시중에서 판매되는 태양광 자동차의 속도가 태양광 패널의 종류에 따라 다르다는 것에 착안해 태양 전지판 효능 차이에 따른 성능의 차이를 알아보는 탐구를 할 수 있습니다.

→ 실리콘 기반, 패로브스카이트 기반, 그래핀 기반 태양전지 판에 따른 태양광 자동차의 속도를 비교해 보는 탐구활동

기사명		관련 영역	
주제명			
읽게 된 동기			
탐구 내용			
느낀 점			
추후 심화 활동			
학생부 브랜딩			

③ 체온으로 생산된 전기 탐구

사람의 체온만으로 웨어러블 기기나 스마트폰을 충전할 수 있다는 기사를 보고 열전소자의 전기 생산량을 확인해 보고, 이를 통해 웨어러블 기기를 충전할 수 있는지 알아보는 탐구를 할 수 있습니다.

히트싱크 : 생체모사 히트싱크란 마치 사람 피부의 땀샘을 흉내 내어 체온을 발산하고 흡수하는 구조체다. 파스 형태의 구조체를 피부에 붙였을 때 피부와 구조체 간 온도 차이가 기존 제품 대비 생체모사 히트싱크가 장착된 열전소자의 출력은 5배가 더 크다.

→ 교육용, 연구용, 히트싱크 열전소자를 활용해 전기생산량을 비교하는 탐구활동

기사명		관련 영역	
주제명			
읽게 된 동기			
탐구 내용			
느낀 점			
추후 심화 활동			
학생부 브랜딩			

조기취업형
계약학과 선도대학

01

조기취업형 계약학과

조기취업형 계약학과는 대학과 기업이 계약을 통해 현장실무역량을 갖춘 인력을 양성하는 학과입니다. 기업에서 필요한 인력을 양성하기 위해 교육비의 일부를 기업에서 부담하고, 대학은 기업의 수요에 맞추어 교육과정을 개발 및 운영하여 기업에 인재를 공급합니다. 조기취업형 계약학과는 입학과 동시에 취업이 확정되어 2학년 때부터 직장인으로 일과 학업을 병행하며, 학사학위를 3년 만에 취득할 수 있습니다.

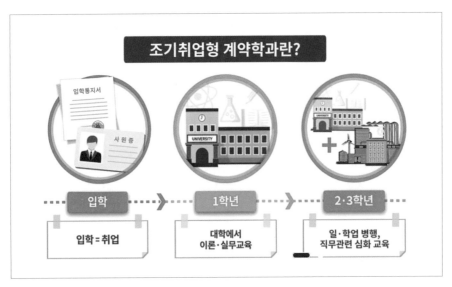

출처 : 조기취업형 계약학과 선도대학 종합포털

조기취업형 계약학과 운영 대학 알아보기

  2018년부터 시작되어 현재 8개 대학 28개 학과가 참여하고 있습니다. 참여대학별 3~4개의 조기취업형 계약학과를 운영하고 있으며, 4차 산업혁명에 맞춤형 학과들로 구성되어 있습니다.

출처 : 조기취업형 계약학과 선도대학 종합포털

지역	대학	학과
경기	가천대	첨단의료기기학과 게임영상학과 디스플레이학과 미래자동차학과
	한국산업기술대	ICT융합공학과 융합소재공학과 창의디자인학과

경기	한양대 에리카	소재부품융합전공 로봇융합전공 스마트ICT융합진공 건축IT융합전공
충남	순천향대	스마트모빌리티공학과 스마트팩토리공학과 융합바이오화학공학과
전남	국립목포대	첨단운송기계시스템학과 스마트에너지시스템학과 소프트웨어학과 스마트비즈니스학과
	전남대	기계IT융합공학과 스마트융합공정공학과 스마트전기제어공학과
부산	동의대	스마트호스피탈리티학과 미래형자동차학과 소프트웨어융합학과
경북	경일대	스마트팩토리융합학과 스마트전력인프라학과 스마트푸드테크학과 스마트경영공학과

조기취업형 계약학과의 이점

① 배운 내용을 업무에 적용해 실무능력 향상

학교와 회사를 병행하기 때문에 학교에서 배운 내용을 더 자세히 공부하면서 그것을 곧바로 업무에 적용하기에 업무 적응 능력과 실력을 더욱 향상시킬 수 있습니다. 회사에서 업무 경력이 있는 선배들의 도움을 톡톡히 받는 것도 이점이 됩니다. 열정적인 자세로 개발자의 지식을 얻겠다는 마음가짐으로 질문하면 더 많은 지식을 얻을 수 있고, 하고자 하는 열정이 좋은 인상을 심어주어 현장 체험한 기업에서 취업으로 연결도 가능합니다. 또한, 실력을 쌓아 경력직으로 이직하는 데에도 많은 이점이 있습니다.

② 배운 것을 백 퍼센트 활용하는 기쁨

꾸준히 공부하고 일하며, 노력한 결과로 더 다양한 프로젝트를 맡을 수 있어요. 학교에서 배운 지식을 바탕으로 프로젝트를 진행하니 공부한 내용을 100% 활용하기에 더 높은 성과로 이어집니다. 실제 프로젝트를 성공적으로 마치면서 쌓은 지식은 실전에서 바로 활용할 수 있는 능력이 되어 자신감을 가지고 현장에 임할 수 있습니다.

③ 일하면서 찾은 나의 숨은 능력

일하면서 가장 중요한 부분 중 하나는 업무가 적성에 맞아야 하는 겁니다. 적성에 맞으면 그만큼 시간을 절약할 수 있으며, 능력을 더욱 발전시키기 위해 다양한 나노학위과정을 이수하여 실력을 쌓을 수도 있습니다. 이런 능력에 소비자가 요구하는 부분이 무엇인지 파악하고 이를 개발하는 능력까지 갖출 수 있고, 자연스럽게 고객사와 개발자 간의 의사소통 능력과 조율하는 능력까지 익힐 수 있답니다.

④ 하나씩 채워지는 포트폴리오

학교에서는 다양한 분야를 배우고 실무에서는 회사에 맞춰진 또 다른 결과물을 만들어내면서 자신감이 생깁니다. 하나하나 채워지는 포트폴리오를 보면서 자신이 계속 발전하고 있다고 느낄 수 있죠. 자신이 직접 만든 광고를 통해 홈페이지 유입률이 높아지고, 직접 그린 그림을 웹툰 형식으로 만들면서 디자인에서 3D 애니메이션까지 폭넓게 지식을 익힐 수 있어요. 디자인 분야 외에도 여러 가지 공학을 융합시킨 지식이나 4차 산업 혁명 등 새로운 시대의 기술을 디자인에 적용하면서 다양한 결과물을 만들어내게 됩니다.

02

스마트에너지시스템학과

입학과 취업을 동시에 갖춘 창의적 실무인재를 양성하기 위한 3년 6학기제로 운영되어 학사학위를 취득할 수 있습니다.

1학년	2학년	3학년
OCU교양 공학입문 일반수학 일반물리 컴퓨터 프로그래밍1 디지털 논리회로 스마트에너지시스템개론 마이크로프로세서기초 전기전자기초실험 현장실습1	OCU교양 전자회로 전기자기학 객체지향프로그래밍 디지털시스템설계	PCB설계 전기기기제도 에너지IoT시스템 벡데이터실무 ESS회로설계 프로젝트Lab.I
OCU교양 문서작성과 의사소통 공업수학 컴퓨터프로그래밍2 스마트융합설계 회로이론 파이썬 프로그래밍 AUTO CAD PLC프로그래밍 현장실습2	OCU교양 전력설비 전기기기 전자회로시뮬레이션 전력전자	3D CAD설계 FPGA칩설계 인공지능실무 임베디드시스템 캡스톤디자인 프로젝트Lab.II

출처 : 목포대학교 조기취업형 계약학과

목포대 스마트에너지시스템학과 1학년은 입학과 동시에 산업체에 취업하고, 1 년간 휴직하면서 대학에서 전공기초능력과 현장실무기본교육을 집중 이수할 수 있어요. 2학년부터는 회사에 복직해 주간에는 기업체에 근무하고 야간에는 해 당 직무관련 심화교육 및 직무역량강화교육을 산업단지 캠퍼스에서 이수해요. 목포대의 매력은 등록금입니다. 전라남도에서 50%, 참여기업에서 25%, 학생들 이 25%를 부담해요. 참, 1학년 때는 등록금 전액을 교육부에서 지원한답니다.

〈스마트에너지시스템학과와 제휴된 기업〉

기업	특징
탑인프라	주요생산품 : 전기용 기계 및 장비, 공사업 직무 : 반도체 장비개발 및 제조운영, 디스플레이 생산
스위코	주요생산품 : 2차 전지용 배터리 보호회로 직무 : 전자기기 하드웨어 및 소프트웨어 개발, 기계품질경영, 생산설비 기획 및 제작
동일이엔티	주요생산품 : 기타 조명장치 제조업 직무 : 기계 및 기구 설계
더조은 에너지	주요생산품 : 발전업, 산업생산시설 개발 직무 : 생산관리, 기술연구소(CAD 도면 설계)
대한이엔아이	주요생산품 : 카메라 렌즈, VR기기 구현렌즈 등 직무 : 생산관리 및 품질관리
한국에너지종합기술	주요생산품 : 에너지 자문 및 평가업 직무 : 화학공정유지운영, 공정기술, 생산관리
효성파워텍	주요생산품 : 전기용 기계 및 장비 개발 직무 : 미래사업 대응 및 설비관리
원광전력	주요생산품 : 전기장비 개발 및 공사업 직무 : 기계제어 설계, 전자기기 설계, 자동제어기기 설계, 임베디드 SW개발
아이에너지	주요생산품 : 전기장비 개발 및 구조재 제조업 직무 : 반도체 기구 설계
제이지 파워넷	주요생산품 : 컴퓨터 제조업 직무 : 반도체 자동화 장비 기구 설계, 제어 설계

데스틴 파워	주요생산품 : 기타 전기 변환장치 제조업 직무 : 자동차설계, 자동차시험평가, 수소자동차연구 등
동우전기	주요생산품 : 변압기 제조 및 전기 제품 개발 직무 : 로봇소프트웨어 개발, SW개발
전기안전	주요생산품 : 기술 시험, 검사 및 분석업, 공사업 직무 : 반도체 장비 개발, 디스플레이 개발

※ 약간 변동이 있을 수 있으며 자세한 내용은 학교 홈페이지에서 확인하길 바랍니다.